Edition Ursachenforschung · Band 2

Homo ethicus – Was können, was dürfen wir?

Beiträge zu Ethik und Verantwortung
in Wissenschaft und Gesellschaft

Edition Ursachenforschung
Band 2:
Homo ethicus – Was können, was dürfen wir?
Beiträge zu Ethik und Verantwortung
in Wissenschaft und Gesellschaft
von Catherine Atkinson, Heidrun Bethge,
Anette Bickmeyer, Hannes Frischat, Ute Kampmann,
Manola Märtens, Achim Pollmann und Marion Pusch.

ISBN 3-8311-2905-3

Herausgeber:
Hermann-Knoblauch-Akademie –
Mensch · Natur · Zukunftswissenschaften
getragen vom:
Netzwerk für interdisziplinäre Ursachenforschung –
Hermann Knoblauch e. V.
(gemeinnützig anerkannt)

Süntelstraße 3
30419 Hannover
Germany
Tel. (0511) 271 03 88
Fax (0511) 271 03 89

Web: www.Ursachenforschung.org
eMail: info@Ursachenforschung.org

Gesamtgestaltung: Matthias Winter · vemion.de
Herstellung: Books on Demand GmbH

Edition Ursachenforschung · Band 2

Homo ethicus

Was können, was dürfen wir?

Beiträge zu Ethik und Verantwortung in Wissenschaft und Gesellschaft
von Catherine Atkinson, Heidrun Bethge,
Anette Bickmeyer, Hannes Frischat, Ute Kampmann,
Manola Märtens, Achim Pollmann und Marion Pusch

Herausgeber:
Hermann-Knoblauch-Akademie
Mensch · Natur · Zukunftswissenschaften

Wahre Ethik ist kosmisches Gesetz. Würde sie an allen Universitäten dieser Welt gelehrt, gäbe es dauerhaften Frieden.

Ing. Hermann Knoblauch

Der hannoversche Ingenieur Hermann Knoblauch (1908–2000) hat sich Zeit seines Lebens mit aller Energie für eine humane Wissenschaft eingesetzt. Er führte Forschende aus über 20 Disziplinen zusammen und gründete das Netzwerk für interdisziplinäre Ursachenforschung, aus dem 1998 die Hermann-Knoblauch-Akademie hervorging.

Schon zu Zeiten, als Wissenschaft und Wirtschaft noch auf ein reines Spezialistentum setzten, erkannte Hermann Knoblauch, dass eine ausschließliche Spezialisierung zur Lösung der komplexen Probleme von Mensch und Natur denkbar ungeeignet ist und die Zukunft späterer Generationen nicht nachhaltig sichern kann. Vorreiter war er insbesondere für die Verbindung von Natur- und Geisteswissenschaften, die eine ursachenorientierte Erweiterung wissenschaftlichen Denkens erst ermöglicht. So forderte und förderte Hermann Knoblauch viele Jahrzehnte lang ein zukunftsorientiertes Umdenken unter Einbeziehung von Ethik, Pflichtbewusstsein, Innovationsfreudigkeit und technischem Know-how.

Inhaltsverzeichnis

Vorwort

Oft ist es gut sich ins Bewusstsein zu rufen, dass jede Entscheidung, die wir treffen, auf bestimmten Wertvorstellungen beruht. Sie sind es, die Art und Inhalt des Zusammenlebens von Menschen prägen, das Verhältnis von Mensch und Natur bestimmen oder darüber befinden, auf welchen Grundlagen Wissenschaften forschen, was sie tun dürfen oder besser lassen sollten. Es stellt sich die Frage, welche Werte dem jeweiligen Denken, Entscheiden und Handeln zugrundeliegen. Woher kommen diese Werte, aus welchem Wissen sind sie abgeleitet, welche Entwicklungen haben zu ihnen geführt, welche Auswirkungen haben sie? Die zentrale Frage ist schließlich: Welche Werte sollten Grundlage unseres Denkens und Handelns sein?

Die kontroverse Diskussion über Gentechnik zeigt beispielhaft, wie sinnvoll es sein kann, zwei Arten von Wissen zu unterscheiden. Das eine ist das instrumentelle Wissen, das gebraucht wird, um Möglichkeiten der Gentechnik umsetzen zu können: *Wie* kann – zum Beispiel – ein „defektes" Gen des Menschen „repariert" werden? Das andere Wissen ist das reflexive, das fragt, ob ein Gen „repariert" werden darf. Diese Frage zielt nicht auf ihre technische Machbarkeit, sie richtet sich auf mögliche Auswirkungen, auf Konsequenzen – und sie bezieht ethische Fragen ausdrücklich mit ein.

Berühren wissenschaftliches Forschen, dessen praktische Umsetzungsmöglichkeiten und damit einhergehende Konsequenzen existenzielle Seiten allen Lebens und des Menschen in gravierender Weise, so sind reflexives Wissen und dessen Anwendung besonders gefragt. In Gesellschaft und Wissenschaft wächst die Erkenntnis, dass ethisch orientiertes Empfinden, Denken und Betrachten wieder mehr und nachdrücklich zu einem bestimmenden Faktor werden kann, wodurch die Grenzen zwischen verantwortungslosem Handeln und ethisch Vertretbarem wieder stärker ins Bewusstsein gelangen. Hierfür sollte ein Wissen zur Verfügung stehen, in dem – so Hermann Knoblauch – „religiöses, philosophisches und wissenschaftliches Denken zusammenfließen und gleichermaßen Berücksichtigung finden".

Genau diesen Ansatz verfolgen die in diesem Heft zu dem Themenbereich Ethik zusammen geschlossenen Artikel. Sie zeigen verschiedene Facetten auf und ergeben so ein Ganzes. An die Hand geben sie ein ergiebiges grundlagen- und perspektivenreiches Reflexions- und Orientierungswissen. Sie ermöglichen eigene, gesellschaftliche oder wissenschaftliche Wertvorstellungen von verschiedenen Standpunkten aus zu durchleuchten, in Frage zu stellen, zu modifizieren oder andere Werte und Ziele ins Auge zu fassen.

Dabei steht der Mensch im Vordergrund. Er ist es, der die verschiedenen Denk- und Betrachtungsweisen zu umfassenden „Bildern" zusammenfügen und anwenden kann. Hierbei können sich jeweils intuitives, rationales, ganzheitliches, analysierendes und interkulturelles Denken verbinden oder ergänzen. Eine derart weitreichende und tiefergehende Interdisziplinarität, wie sie von Hermann Knoblauch verstanden wurde, ist eine dem Menschen spezifische Eigenschaft.

In dieser Eigenschaft liegt insbesondere auch ein großes Potential für ethisch orientiertes Erkennen, Denken und Handeln. Insofern kann der Mensch gewissermaßen als ein „Homo ethicus" bezeichnet werden, bei dem ethisches Empfinden seinem inneren Wesenskern entspringt. Dahinter steht wiederum ein Bild vom Menschen, das ihn in seiner ganzheitlichen und ethischen Komplexität zu erfassen versucht. Hierdurch kann ihm die Möglichkeit gegeben werden, sich wieder als ein ganzheitliches Wesen begreifen zu lernen. So überwindet die Vorstellung vom „Homo ethicus" die Aufsplittung des Menschen in verschiedene Teilaspekte und in soziale Rollen. Denn immer wieder stehen zum Beispiel der „Homo oeconomicus" und der „Homo oecologicus" im Widerstreit, wenn es um eine Abwägung zwischen wirtschaftlichen und ökologischen Interessen geht. Und die Erfahrung lehrt, wie schwer es für einen Menschen ist, seine verschiedenen sozialen Rollen und die damit jeweils verbundenen Anforderungen einigermaßen konfliktfrei zu bewältigen. Hingegen kann der „Homo ethicus" vom Ansatz her seine Interessen einheitlich, quasi aus einer ganzheitlichen „Vogelperspektive" betrachten, beurteilen, gegeneinander abwägen und integrieren. Ein Gespür für Ethik wird dabei, im Unterschied zu moralischen Prägungen durch Erziehung und Gesellschaft, als ein integraler und wesentlicher Bestandteil des Menschen angesehen.

Diese, im Menschen angelegten Eigenschaften und Fähigkeiten sind keinesfalls nur für den einzelnen Menschen oder für die Gesellschaft von großer Bedeutung. Vielmehr bezieht das Wissenschaften mit ein. Zwar erscheinen diese manchmal als etwas Anonymes, doch das löst sich auf, wenn bedacht wird, dass Wissenschaften von Menschen etabliert sind. So hängt es auch hier allein von Menschen ab, ob, in welchem Umfang und in welcher Qualität ethische Aspekte in wissenschaftliche Forschung und Lehre einfließen und in Entscheidungsprozessen berücksichtigt werden.

Natürlich ist auch zu fragen, was Ethik sein könnte oder ist, und worin sich Ethik von Moral unterscheidet. Der hier verfolgte Ansatz erschließt den Gedanken einer universal gültigen Ethik, die Teilethiken ausschließt. Diese Perspektive läßt sich keinesfalls nur als ein Ausgangspunkt ethisch orientierten Erkennens begreifen, sondern zugleich auch als dessen Zielpunkt. In dieser Hinsicht kann Ethik auch im Sinne einer regulativen Idee verstanden werden: Ethisch orientiertes Empfinden und Denken bedeutet dann, Denken und Handeln in der unmittelbaren täglichen Lebens- und Berufspraxis, in gesellschaftlichen und wissenschaftlichen Bereichen, im Zusammenleben von Menschen und im Verhältnis von Mensch und Natur permanent an dem auszurichten, was naturbedingt dem Ganzen dient. Ein wichtiger Faktor hierbei ist: Wir müssen uns wieder verstärkt auf unsere Pflichten besinnen!

Gute, hilfreiche und nützliche Wegbegleiter sind dabei Gewissen und Humanität. Alle Entwicklungen im persönlichen Bereich und Umfeld, in Gesellschaft und Wissenschaften bringen nur dann echten

Fortschritt, wenn sie auf der Basis des Gewissens erfolgen und hin zu mehr Humanität führen. Auch dazu möchten die nachstehenden Artikel anregen; ganz im Sinne von Hermann Knoblauch: denn sein besonderes Anliegen ist die Rückbesinnung auf Pflichterfüllung und mehr Menschlichkeit.

Hannover, im März 2002

Catherine Atkinson, Heidrun Bethge, Anette Bickmeyer,
Hannes Frischat, Ute Kampmann, Manola Märtens,
Achim Pollmann, Marion Pusch

Wenn ein Mensch harmonisch handelt, dann handelt er in Übereinstimmung mit universalem Wirken und Gesetz. Harmonie in Gewissen und Denken und daher im Handeln ist das, was die Menschen unter Ethik verstehen. Ethik ist kein Übereinkommen. Ethik hat vielmehr ihre Wurzel in der Harmonie, in den Grundgesetzen des Seins. Sie ist auf die Harmonie gegründet, die den Bau des Universums bestimmt.

Gottfried von Purucker

Theorie, Kalkül oder kosmisches Gesetz – was ist Ethik?

Marion Pusch

Die Frage „Was ist Ethik?" ist brisanter denn je. Immer deutlicher zeigt sich, dass Ethik zunehmend nur unter Nützlichkeitsaspekten gesehen und nach dem eigenen Gusto interpretiert wird. Doch muss Ethik nicht viel mehr sein als eine persönliche Auslegung, wenn sie uns als Orientierungsmaßstab dient für die Frage, was wir tun oder lassen sollten?

Die jüngsten Diskussionen und Entwicklungen in Gesellschaft, Wirtschaft und Wissenschaft zeigen immer deutlicher die Auswirkungen eines ausgeprägten Wertewandels bzw. einer Werteerosion, die sich über die letzten Jahrzehnte hinweg schleichend vollzogen hat.[1] Eindeutige Positionen zu moralischen Grundwerten sind ins Wanken geraten oder durch neue, vielfach pragmatische, nutzen- und persönlichkeitsorientierte Einstellungen ersetzt worden.

Zum gegenwärtigen Zeitpunkt stehen wir vor vielen Problemen und Fragen, für deren Lösung klare Werte und Maßstäbe benötigt werden, die allgemeingültig anerkannt sind. Wir müssen brisantere Entscheidungen denn je treffen und blitzschnell beurteilen können, was wir tun dürfen und was wir lieber lassen sollten. Grundlegende Probleme müssen gelöst werden: Dürfen wenige Tage alte Embryos für medizinische Forschungen benutzt werden? Wie kann ein menschenwürdiger Umgang mit älteren, kranken Mitmenschen erreicht werden? Aber auch Probleme im zwischenmenschlichen Umgang rütteln uns auf. So stimmt auch der enorme Anstieg von Mobbing nachdenklich, von dem inzwischen fast 45 % aller Arbeitnehmer in Deutschland betroffen sind[2]. Kaum überraschend ist dann auch das Ergebnis einer KPMG[3]-Untersuchung, die zeigt, dass Mitarbeiterkorruptionen in Deutschland jährlich Schäden in einer Höhe von über drei Milliarden DM verursachen. Interessanterweise wird der Wertewandel in der Gesellschaft mit 67 % in der Umfrage als eine der Hauptursachen für Korruption angesehen.

Angesichts dieser Entwicklungen fühlen sich viele Menschen vielfach ohnmächtig, und der Wunsch, Orientierungspunkte zu finden, ist groß. Das Lösungswort, das aus dieser Misere führen soll, heißt Ethik. Zahlreiche Ethikkommissionen, ethische Investmentfonds, Ethiknetzwerke und vieles andere mehr wurden mittlerweile eingerichtet, und „Ethiker" werden zu Rate gezogen, die nun über Werte und über das ethisch Vertretbare entscheiden und wachen.

Ethik als Etikett

Doch ist hier nicht auch Vorsicht geboten? Ist tatsächlich überall Ethik enthalten, wo Ethik auf der „Verpackung" steht? Besteht nicht die Gefahr, dass Ethik leicht als Deckmantel interessengeleitet und kühl kalkuliert genutzt werden kann? Bleibt doch in vielen Diskussionen häufig eines unberücksichtigt oder im Hintergrund: die zufriedenstellende Antwort auf die Frage: „Was ist Ethik?"

Bereits hier zeigt sich schnell das Dilemma, in dem wir heute stecken. Ähnlich wie der Begriff Ökologie unterliegt der Ausdruck Ethik fast inflationären Tendenzen. Denn die Antworten auf die Frage, was Ethik ist, fallen sehr unterschiedlich aus.

Es wird offensichtlich, dass gerade das, was uns zur Orientierung verhelfen soll, nicht einheitlich verstanden wird und sehr heterogen bzw. nach dem eigenen Gusto interpretiert wird. Aber auch kulturelle und sprachliche Auslegungen spielen eine wichtige Rolle.

So basiert das Verständnis von „ethics" in den englischsprachigen Ländern der westlichen Welt im wesentlichen auf den Traditionen des Utilitarismus und Positivismus des 18. und 19. Jahrhunderts. In der heutigen internationalen Geschäftswelt wird unter „business ethics" kaum mehr als ein Verhaltenskodex verstanden. Im deutschsprachigen Raum dagegen, wo die Denktraditionen von Kant und Hegel lange nachgewirkt haben, enthält der Ethik-Begriff oft eine metaphysische Dimension und berührt auch religiös-philosophisch-spirituelle Grundlagen unseres Daseins. Aber auch hierzulande – das zeigt die gegenwärtige Diskussion um die Verflechtung von wissenschaftlichen Forschungsinteressen und Wirtschaftinteressen („Ökonomisierung der Forschung") – sind positivistische und nutzenorientierte Haltungen ebenso anzutreffen wie andernorts. Ein Ausdruck wie „Ethik-Dumping", das z. B. zum Standortfaktor für Wirtschafts- und Forschungsunternehmen werden kann, macht deutlich, wie inhaltsarm der Begriff Ethik unter Umständen verwendet werden kann: Hierbei verlagern Unternehmen u. a. ihre Genforschungen einfach in die Länder, die der Gentechnologie weniger strenge „ethische" Regeln vorschreiben.

Die Vorstellungen über und die Definitionen von Ethik liegen also auch in Deutschland weit auseinander. Pragmatische und evolutionäre Betrachtungsweisen sind ebenso vertreten wie die Zersplitterung in Teilethiken für bestimmte Gebiete, wie z. B. für Medizin, Wirtschaft oder Umwelt.

Das Problem liegt in der heutigen Zeit für uns darin, zu unterscheiden, welcher Ansatz bzw. welches Verständnis Ethik in ihrer reinsten Form zur vollen Geltung bringt und zu erkennen, was Ethik ihrem Ursprung nach ist bzw. für uns sein kann.

Der Ethik-Dschungel

Betrachten wir einige Definitionsmöglichkeiten von Ethik näher, dann kann Ethik heute zunächst einmal als eine wissenschaftliche Disziplin verstanden werden, die der Philosophie zugehört und durch Aristoteles vor etwa 2300 Jahren eine stark ausgeprägte Praxis- bzw. Handlungskomponente erhalten hat. Dadurch war sie weniger an der „Erkenntnis von Ideen" orientiert, wie Platon es noch lehrte. Heute wird Ethik von vielen Philosophen als eine Philosophie der Praxis bezeichnet. Sie sucht die Frage zu beantworten: „Was sollen wir tun?" und hat den Anspruch, zu zeigen, was im Leben und in der Welt wertvoll und sinnvoll ist. Dazu wurden und werden zwar zahlreiche Theorien des moralischen Handelns entwickelt, aber das „Wesen von Ethik" eher selten berührt. Vielfach wird Ethik deshalb nur als bloße Theorie, als Sittenlehre oder als Legitimationsgrundlage betrachtet, was häufig mit einem intuitiven Empfinden darüber, was Ethik ist, nicht im Einklang steht. Je nach Ausrichtung und Begründung eines theoretischen Ansatzes finden wir die unterschiedlichsten „Ethiken", die teilweise auch – was viel eindeutiger ist – Moraltheorien genannt werden. Die Palette reicht von Diskursethik über Hedonismus bis hin zur Pflichtenethik.

So vertrat Kant eine Pflichtenethik (deontologische Ethik). Sein kategorischer Imperativ bringt zum Ausdruck, dass eine Handlung erst dann sittlich gut ist, wenn sie zugleich für alle vernünftigen Wesen gelten kann. In teleologischen (zielgerichteten) Ansätzen wie dem Utilitarismus und dem Hedonismus wird hingegen die Nützlichkeit bzw. das Glück für das Individuum als ethisches Maß angenommen. Hegel verfolgte einen anderen Ansatz, denn für ihn entspricht sittliches Verhalten der Ordnung des Ganzen und damit dem Leben im Ganzen und für das Ganze.[4]

Neben diesen unterschiedlichen Ansätzen – von denen hier nur einige wenige genannt wurden – wird Ethik aber auch als Reflexionsebene oder Reflexion über den verantwortlichen Umgang mit Techniken, mit dem Leben, mit Erkenntnissen usw. aufgefasst. In dieser Interpretation wird das Nachdenken und Abwägen über das, was wir tun oder lassen sollten, bereits als Ethik bezeichnet.

Zusätzlich fällt auf, dass immer wieder eine Differenzierung von Ethik und Moral fehlt. Beide werden oft gleichgesetzt oder miteinander verwechselt.

Die zahlreichen speziellen „Teilethiken“, wie die sogenannte Technikethik, die Bioethik, die Medizinethik, die Wirtschaftsethik, die Wissenschaftsethik, die Umweltethik usw., tun ein Übriges. Hier werden die Erkenntnisse und Theorien auf bestimmte Fachgebiete angewandt und an spezielle Probleme angepasst. In welcher Form Ethik dann noch Orientierungsmaßstab sein kann, bleibt offen. Denn es gibt kein einheitliches Ethikverständnis und damit keine allgemeingültige Bezugsbasis, sondern nur eine kaum zu überschauende Heterogenität in der Auslegung und in den theoretischen Konstrukten darüber, was erstrebenswert und wertvoll ist. Vor diesem Hintergrund drängt sich förmlich die Frage nach dem Sinn und der Berechtigung von „Teilethiken“ genauso auf wie die Frage, ob diese Teilethiken nicht besser als Moral betitelt werden sollten.

Obwohl dieser kurze Einblick in die Definitionsmöglichkeiten von Ethik unvollständig ist, verdeutlicht er bereits, wie sehr wir uns gegenwärtig in einem „Ethik-Dschungel“ bewegen – mit dem Resultat, dass das Bild, aber auch unsere Empfindung davon, was Ethik ist, verschwimmen. Als Folge bleibt der Orientierungseffekt, der durch Ethik gegeben werden sollte, in der gewünschten Präzision aus.

Was ist Ethik?

Haben wir uns nun getäuscht, kann Ethik gar keine eindeutige Orientierung geben und Wertmaßstäbe setzen? Oder ist die Frage, was Ethik ist, noch nicht ausreichend erforscht und verstanden?

„Den Inhalt der Ethik befriedigend zu erfassen“, bemerkt Max Planck, „ist wohl das wichtigste und schwierigste Problem, das dem menschlichen Geist gestellt ist.“[5]

Bei allen Unsicherheiten ist jedoch eines sicher: wenn Ethik die Aufgabe hat, weitreichender Orientierungsmaßstab unseres Denkens und Handelns zu sein, wenn sie Maßstäbe setzen soll für das, was wertvoll, sinnvoll und richtig ist, dann muss sie allgemeingültige Züge tragen.

Doch wie kann sie diesen hohen Anspruch erfüllen?

In Bezug auf „Teilethiken" stellt Wöbse fest: „Wenn Ethik dem Menschen als Maßstab für sein richtiges Denken und Handeln dienen soll, kann es keine Teilethiken, sondern nur eine Ethik geben."[6] Tietz beschreibt dies so: „Nach Kant handle ich ethisch, wenn ich wollen könnte, meine Maxime solle ein allgemeines Gesetz werden. Es gibt also für alle vernunftbegabten Wesen nur eine Ethik, keine spezielle für Soldaten, Kaufleute, Handwerker und für Wissenschaftler. Das ist der Grund dafür, dass man ‚Ethik in der Wissenschaft' sagen sollte."[7]

Wenn es nur eine Ethik geben kann, liegt der Schluss nahe, dass Ethik keine Theorie, nichts von Menschen Erdachtes ist. Was aber ist dann Ethik, was kann sie sein?

Ethik als kosmisches Gesetz

Verschiedene Philosophien, Religionen und Kulturen zeigen Wege zu einem universalen bzw. kosmischen Verständnis von Ethik auf. Eine wesentliche Grundlage ist dabei die Erkenntnis, dass Mensch, Natur und Kosmos nicht nur in enger Wechselwirkung stehen, sondern sogar eine Einheit bilden. Dieser Gedanke beruht nicht auf Zufälligkeit, sondern dem Prinzip der Notwendigkeit. Kaum verständlich wäre sonst der übergreifende Gedanke, dass alle Abläufe, alles Geschehen im Universum (das zu einer Einheit zusammengefasste Ganze) von Ordnungsprinzipien abgeleitet und harmonisch aufeinander abgestimmt ist. Das wird noch deutlicher, wenn der Ursprung der Worte „universal" und „Kosmos" betrachtet wird. Während der Begriff „universal" „das Ganze betreffend, allgemein und allumfassend" bedeutet, geht der Ausdruck „Kosmos" darüber hinaus, in dem er „die Welt als *geordnetes* Ganzes" betrachtet. Da Kosmos so viel wie „ordnen" bzw. „schmücken" beinhaltet, heißt es im übertragenen Sinne auch soviel wie: Ordnung und Schönheit aufgrund der Harmonie. Wichtig ist dabei, dass ein anderer Name für „Natur" Welt oder Kosmos ist. Hier zeigt sich, wie eng der Mensch als untrennbarer Teil der Natur mit dem Kosmos verbunden ist.

So sieht die Stoa – die Philosophenschule der Stoiker – die Grundlage für Ethik in der Natur des Menschen, in der Weltvernunft und in der kosmischen Ordnung.[8] Seneca schreibt: „Bei alledem bin ich – wie unter allen Stoikern üblich – für Übereinstimmung mit der Natur. Von ihr nicht abzuweichen, nach ihrem Gesetz und Vorbild sich formen zu lassen, darin besteht die Weisheit."[9]

Auch in der indischen Philosophie findet man den Gedanken der Einheit von Mensch und Kosmos und den daraus ableitbaren ethischen Grundsätzen. „[...] Schon in der vedischen Periode [...] wurde in Indien ethisches Handeln von einem Prinzip abgeleitet, das sich nicht allein auf den Menschen und seine Bedürfnisse bezog, sondern an einem kosmischen Ordnungsprinzip orientiert war."[10] In diesem Zusammenhang bilden Erkenntnis, Wertvorstellungen und Verhalten ebenfalls eine Einheit. Doch auch Kant, Platon, und Konfuzius vertraten die Auffassung, Ethik sei universal.

Kant formulierte mit dem kategorischen Imperativ ein allgemeines Gesetz: „Handle so, als ob die Maxime deiner Handlung durch deinen Willen zum *allgemeinen Naturgesetz* werden sollte." So ist es zum Beispiel verwerflich, jemanden zu belügen. Würde nämlich die hinter einer Lüge verborgene Intention zu einem allgemeinen Gesetz, so wäre es nicht mehr möglich, sich untereinander zu verständigen. Allerdings ist hierbei nicht die Handlung entscheidend, sondern die Gesinnung, also in diesem Fall die Überzeugung, bei der Wahrheit verbleiben zu wollen.[11]

Nach Platon existieren jenseits dessen, was wir als wandelbar erleben und wahrnehmen, unveränderliche und immerwährende Ideen, von denen wir nicht abgetrennt sind, sondern an denen wir teilhaben. So lässt sich auch Ethik aus Ideen ableiten, die Prinzipien, Gesetzmäßigkeiten und Ordnungsstrukturen des Universums verkörpern und manifestieren.[12] Das schließt die platonische Weisheit mit ein, wonach es das Gute ist, das der menschlichen Natur ursprünglich ist, und dass es auch das Gute ist, von dem eine anziehende Wirkung ausgeht.[13]

Der chinesische Gelehrte Mo Di (476–390 v. Chr.) ist von großer Bedeutung für die Geschichte des humanistischen Denkens. Mo Di entwickelte das Konzept einer allumfassenden Liebe und gegenseitigen Unterstützung aller. „Wenn alle Menschen unter dem Himmel durch gegenseitige Liebe miteinander verbunden sind, dann ist Ordnung; begegnen sich die Menschen hingegen mit Hass, dann ist Unordnung. Was dies für die Ebene des Denkens und des Verhaltens bedeuten kann, drückt Mo Di so aus: „Die Starken überwältigen nicht die Schwachen, die Vielen überfallen nicht die Wenigen; wer reich ist, verhöhnt nicht die Armen." „Man betrachtet den Staat anderer wie den eigenen, die Familien der anderen wie die eigenen, man betrachtet die anderen Menschen wie sich selbst."[14]

Mit Gottfried von Purucker, der als Naturwissenschaftler und Philosoph schon frühzeitig die Notwendigkeit eines interdisziplinären, Naturwissenschaften, Philosophien und Religionen verknüpfenden Denkens erkannte, läßt sich zusammenfassend sagen: „Ethik ist gemäß der Philosophie nicht nur das Resultat menschlichen Denkens in Gestalt einer Formulierung konventioneller Regeln für das menschliche Verhalten. Sie gründet sich vielmehr zutiefst auf die Zusammensetzung und den Charakter des Universums selbst. Das Herz des Universum ist Weisheit und Liebe, und diese sind von Grund auf ethisch, denn es kann weder Weisheit geben ohne Ethik, noch kann es Liebe geben ohne Ethik, und wiederum kann Ethik nicht ohne Liebe und Weisheit sein."[15]

Wie Gottfried von Purucker, so bezieht auch Hermann Knoblauch, der Gründer des Netzwerks für interdisziplinäre Ursachenforschung, seine Auffassung von Ethik aus zeitlosen Weisheiten und Erkenntnissen. Dabei weitet er die Vorstellung, was Ethik ist, noch aus, wenn er feststellt: „Ethik ist kosmisches Gesetz." Zwar stellt er sich damit vielen neueren und zeitbezogenen Ethik-„Konzepten" entgegen, doch schon Spinoza fasste den berühmt gewordenen Gedanken: „Es ist das Wesen der Erkenntnis, die Dinge von einem gewissen zeitlosen Gesichtspunkt aus wahrzunehmen."

Gespür für Ethik liegt im Menschen

So wie Platon unter Ethik die Erkenntnis der Ideen und Tugenden verstand und sie mit der Harmonie des Kosmos verband, der wiederum ein Spiegel für das gesellschaftliche Leben sein sollte, so betonte von Purucker, dass sich Ethik „zutiefst auf die Zusammensetzung und den Charakter des Universums selbst“[16] gründet. Er verbindet Ethik mit einem Gefühl für Recht, Wahrheit, Treue, für Gerechtigkeit und Ehre, Weisheit und Liebe.[17] Auf diese Weise ist ein Verständnis und ein Empfinden für Ethik und damit ein Gespür für Recht und Unrecht im Menschen selbst verankert. Ethik ist dann das eigentlich Menschliche, das Humane, das, was in uns lebt und Wertvorstellungen von innen her erfahrbar macht. Die Verbindung von Ethik mit metaphysischen, spirituellen Dimensionen des Seins hat demnach viel tiefere Wurzeln, als normalerweise angenommen wird. Denn kosmische Gesetze wirken auch im Menschen, da er Bestandteil des Kosmos (Natur) ist. Nur deshalb – weil wir es in uns tragen – kann Ethik als kosmisches Gesetz erkannt und erfühlt werden. Dem zu Folge lässt sich der Mensch auch als *Homo ethicus* bezeichnen – als ein vernunftbegabtes, verantwortungsfähiges Wesen, das ein Gespür für Harmonie und Ordnung sowie für das Gute in sich trägt, das es sowohl erkennen als auch formen kann. Das Menschenbild des Homo ethicus versteht sich im Gegensatz zu vielen anderen Menschenbildern, wie beispielsweise das des Homo ökonomicus oder des Homo ludens, als ein ganzheitliches, verantwortungstragendes Menschenbild, in dem der Mensch über einen freien Willen, über die Fähigkeit der Selbstreflexion, der Verantwortungsübernahme und des Nachdenkens, über Intuition, Liebe und Mitleid verfügt. Das bedeutet, der Homo ethicus berücksichtigt die spirituell-geistige Essenz oder Fähigkeit des Menschen, sich selbstbewusst und aus freiem Entschluss für das Gute zu entscheiden und es zu verwirklichen. Auch Mong Dsi hebt hervor: „Liebe, Pflicht, Schicklichkeit und Weisheit sind nicht von außen her uns eingetrichtert, sie sind unser ursprünglicher Besitz, die Menschen denken nur nicht daran. Darum heißt es: Wer sucht, bekommt sie; wer sie liegen läßt, verliert sie.“[18]

In dem eben beschriebenen Sinn verfügt Ethik über einen universalen bzw. kosmischen Charakter und ist nicht auf das Resultat eines einzelnen Denkers zurückführbar, sondern sie ist inhärenter Naturbestandteil. Das bedeutet: *Ethik existiert einfach.* Wir brauchen sie weder zu erfinden, noch müssen wir Theorien entwickeln, vielmehr obliegt es dem Menschen, Ethik in sich und um sich wahrzunehmen und zu erkennen. Es liegt an uns, ein Verständnis für Ethik zu entwickeln und diesem Verständnis gemäß zu leben.

Wird Ethik als kosmisches Gesetz angesehen, so Hermann Knoblauch, muss sie folgerichtig auch universal sein und dem Anspruch auf Allgemeingültigkeit gerecht werden. Dann erst kann sie ein wertvoller Orientierungsmaßstab für den Menschen und damit für alle Wissens- bzw. Handlungsbereiche sein. Hierin unterscheidet sich Ethik von Moral.

Ethik ist keine Moral

Moral ist ein wandelbares normatives Regelsystem einer Gesellschaft, das durch kulturelle, religiöse und persönliche Auffassungen geprägt ist. Es ist der individuelle Handlungs- und Anwendungsbereich einer Gruppe oder einer Einzelperson. Sie wird durch den persönlichen Erkenntnisgrad und unter Umständen auch durch den Egoismus bestimmt. Moral ist damit nicht zwangsläufig an Ethik orientiert, sondern häufig nur Spiegel der zur Zeit gebräuchlichen Sitten. Natürlich sollte sich die Moral an Ethik orientieren. Denn dadurch erhält die Moral einer Person oder Gesellschaft eine qualitative Richtung, die eine Handlung zu einer moralisch guten Handlung macht. Moral bezieht sich also eher auf die Handlungsebene, auf das reale Leben und das tatsächliche Verhalten, d. h. auf die individuelle Anwendung ethischer Maximen im eigenen Leben, also auf die resultierenden guten Sitten. Dagegen stellt Ethik den Überbau, den Leitfaden dar.[19] Sie ist der Moral übergeordnet. Über eine hohe Moral verfügt jemand, wenn er Achtung vor ethischen Prinzipien zeigt und damit seinen guten Willen beweist.

Ethik dient der Erweckung eines Wertebewusstseins, denn ethische Werte sind Werte einer edlen Gesinnung. Aus diesem Grund betont z. B. Kant immer wieder, dass es die Aufgabe des Menschen sei, sich selbst zu vervollkommnen und sich von einer niederen Gesinnung zu einer höheren zu erheben.

Ethik, als kosmisches Gesetz betrachtet, ist zeitlos. Ihre Grundsätze gelten demnach immer, und sie kann am „Prüfstein der Universalität“

gemessen werden. Eine Anwendung der Universalität ist auch in Kants kategorischem Imperativ enthalten.

Der kategorische Imperativ ist ein hervorragendes Instrument, um Ethik in die Praxis zu übertragen und die eigenen Handlungen zu überprüfen. Mit seiner Hilfe können wir die Fragen, was wir tun dürfen und lassen sollten oder was gut und ethisch wertvoll ist, tatsächlich beantworten. Dennoch ist es für die praktische Anwendung unerlässlich, dass wir erkennen, was universale bzw. kosmische Gesetzmäßigkeiten sind und was im universalen Sinn gut und richtig ist. Neue ganzheitliche Welt- und Menschenbilder sind zwingend notwendig. Unser bisheriges reduktives materialistisch-wissenschaftliches Denken bedarf einer zügigen Komplettierung und Erweiterung durch metaphysische, spirituell-geistige Ansätze. Wir können nur das leben, was wir auch wissen.

Was sind kosmische Gesetzmäßigkeiten?

Einen wichtigen Schlüssel zum Verstehen dessen, was kosmische Gesetze sind und welche praktischen Regeln aus ihnen resultieren, finden wir bei Platon. Einer seiner Grundgedanken war, dass sich die Gesellschaft idealerweise am Kosmos orientiert. Was steckt dahinter? Der Ausdruck Kosmos bedeutet, wie bereits erwähnt, soviel wie Ordnung und Harmonie. Übertragen auf die Gesellschaft und den einzelnen Menschen, folgt daraus: Wenn wir harmonisch denken, fühlen und handeln, dann leben wir im Einklang mit dem Kosmos, dessen Grundlage Harmonie ist. Harmonie ist so gesehen ein wichtiger Maßstab menschlicher Handlungen.

Wenn ich unter dem Blickwinkel, ob meine Handlung zur Harmonie beiträgt, die Frage stelle, ob Krieg, Gewalt und Streit mit Ethik vereinbar ist, so kann sie nur verneint werden. Genauso kann ich die Frage, ob stark egozentrische Verhaltensweisen ethisch vertretbar sind, verneinen, da sie einer Harmonie des Ganzen abträglich sind. Auch konkrete Fragen wie z. B., ob ich jemanden täuschen oder stehlen darf, können eindeutig beantwortet werden. In Bezug auf die Frage, ob Embryonenforschung menschenwürdig ist, werden hier – gekoppelt an ein ganzheitliches Menschenbild[20] und den kategorischen Imperativ von Kant – wesentliche Zusammenhänge klar. Denn unter dem Gesichtspunkt eines harmonischen Umgangs miteinander dürfen wir Embryonen nicht als Ware oder Ressource ansehen, die wir beliebig erzeugen, auseinanderpflücken und entsorgen können. Ist die Gesundheit, die ein Mensch evtl. auf diese Weise gewinnt, letztlich zu teuer „erkauft", da sie gesellschaftliche Harmonien und das Selbstverständnis des Menschen durcheinander bringt und auf Kosten anderer entstanden ist? Besondere Aufmerksamkeit sollte auch der Aufforderung Max Plancks gezollt werden; er bemerkte: „Jeder, der ethische Forderungen aufstellt, muß sie ... auch auf die eigene Person anwenden. Dies gilt ganz besonders für Ethiker, die den Wert des Lebens verneinen!"[21] Das bedeutet: Jeder von uns könnte der Embryo gewesen sein, an dem geforscht wird.

„Wenn ein Mensch harmonisch handelt", betont deshalb auch von Purucker, „dann handelt er in Übereinstimmung mit universalem Wirken und Gesetz. Harmonie in Gewissen und Denken und daher im Handeln ist das, was die Menschen unter Ethik verstehen. Ethik ist kein Übereinkommen [...] Ethik hat vielmehr ihre Wurzel in der Harmonie, in den Grundgesetzen des Seins. Sie ist auf die Harmonie gegründet, die den Bau des Universums bestimmt."[22]

In der Praxis kann nun zum einen gefragt werden, ob das eigene Tun im Einklang mit dem Gewissen steht, und zum anderen, ob die Handlung harmonisch ist bzw. sich in Gesellschaft und Natur einfügt. Das Wohl des Ganzen, aber auch der Schutz des Einzelnen, ist dabei ein tragendes Element. Aus dem Grundgedanken der Harmonie heraus können wir auch unsere Verantwortung überprüfen und abwägen. Wir sind in der Lage zu beurteilen, was unsere Pflicht ist und was nicht.

Harmonie: eine Messlatte für Werte und Pflichten

Warum ist das so? Weil Harmonie eine wichtige Messlatte für Werte ist. Das Wesen der Harmonie (gr.-lat. „Fügung") ist das ausgewogene, ausgeglichene, gesetzmäßige Verhältnis der Teile zueinander bzw. das Miteinanderübereinstimmen und Gleichschwingen. Damit ist sowohl die innere als auch die äußere Übereinstimmung gemeint. Das Wahrnehmen von Pflichten kann als verbindliche Pflege, als fürsorglicher Dienst zum Wohl einer Gemeinschaft aufgefasst werden.[23] Die Pflichterfüllung ist somit eine Handlung, die zur Harmonie und damit zum Funktionieren einer Gesellschaft beiträgt. Gleichzeitig kann Harmonie auch als Prüfstein genutzt werden, um wahre Pflichten von „Pseudopflichten" zu unterscheiden, indem wir fragen, in welchem Verhältnis die Pflicht zur Harmonie steht.

Harmonie – ein Grundprinzip der Natur

Doch woher stammt Harmonie? Warum ist sie vorhanden? Harmonie oder auch das Gleichgewicht bzw. der Gleichklang der Kräfte ist ein Grundprinzip der Natur. Es lässt sich vielfältig beobachten: Die unsere Welt zusammensetzenden Atome würden keine Festkörper bilden können, wären ihre inhärenten Kräfte nicht im exakten Gleichgewicht. Harmonie ist das Zusammenspiel der Kräfte, so dass sich Kraft und Gegenkraft genau in der Waage halten. Auch unser Körper ist dann gesund, wenn alle Organe und Prozesse im Einklang miteinander ablaufen und zusammenarbeiten. Ausgeklügelte Stoff- und Energieströme durchpulsen uns, die, fein aufeinander abgestimmt, das Wunderwerk des menschlichen Lebens erst ermöglichen. Auch die sensiblen Strukturen von Ökosystemen belegen, dass Harmonie essenziell ist, denn so lange sich ökologische Prozesse im Gleichgewicht befinden, sind Ökosysteme stabil und intakt. Selbst das gigantische Ökosystem Erde kann nur dann gut funktionieren, wenn alles harmonisch aufeinander abgestimmt ist. Die Erde ist in die Weiten unseres Sonnensystems bzw. unserer Milchstraße und darüber hinaus in den gesamten universalen Kosmos eingebunden und steht im engen Austausch mit den dort herrschenden Kräften. Jeder weiß: Ohne Sonne wäre das Leben auf der Erde nicht möglich. Harmonisch durchlaufen Planeten ihre Bahnen ohne miteinander zu kollidieren. Auch die menschlichen Rhythmen stehen in Harmonie mit den Zyklen und Bewegungen der Sonne und des Mondes. So befinden sich normalerweise die Phasen von Wachen und Schlafen im Einklang mit den

Zyklen von Tag und Nacht. Wenn wir durch einen Herbstwald laufen und die Farbensymphonie beobachten, erleben und fühlen wir Harmonie. Harmonie ist im gesamten Kosmos auffindbar, und wir sind von dieser Harmonie des Kosmos regelrecht durchdrungen, weil wir sie sonst nicht empfinden könnten. Unser eigener Rhythmus, betonte Hermann Knoblauch, ist unsere Harmonie mit dem Unendlichen, denn dieser Rhythmus ist die Harmonie des Unendlichen.

Warum gibt es Harmonie?

Harmonie und Ordnungsprinzipien lassen sich also überall erkennen. Doch woher stammen sie?

Als Max Planck gefragt wurde, ob Bewusstsein auf materielle Weise erklärt werden kann, antwortete er darauf: „Nein, ich betrachte Bewußtsein als fundamental. Ich betrachte die Materie als vom Bewußtsein abgeleitet. Wir können nicht hinter das Bewußtsein kommen. Alles, wovon wir sprechen, alles, was wir als existent betrachten, setzt Bewußtsein voraus."[24] Und weiter führt er in einem Vortrag, den er 1929 in Berlin hielt, aus: „Es gibt keine Materie an sich. Alle Materie entsteht und besteht nur durch eine Kraft, welche die Atomteilchen in Schwingung bringt und sie zum winzigen Sonnensystem des Atoms zusammenhält. Da es aber im gesamten Weltall weder eine intelligente noch eine ewige Kraft gibt, so müssen wir hinter dieser Kraft einen bewußten, intelligenten Geist annehmen. Dieser Geist ist der Urgrund aller Materie. Nicht die sichtbare und vergängliche Materie ist das Reale, Wirkliche, Wahre – denn die Materie bestünde, wie wir gesehen haben, ohne diesen Geist überhaupt nicht –, sondern der unsichtbare, unsterbliche Geist ist das Wahre."

Ein Grundgedanke Platons, der Ähnliches andeutet, lautet: Ideen regieren die Welt. Der platonische Ideenkosmos steht in einem Urbild-Abbild-Verhältnis zur physischen, sinnlich wahrnehmbaren Natur. Beide bilden eine zweipolige Einheit. Die Funktion und der Sinn des Ideenkosmos bestehen nun darin, dass er Bedingungen und Bestimmungsgründe für das sinnlich wahrnehmbare Seiende bietet. Der Ideenkosmos oder die göttliche Vernunft ordnet die Physis.[25]

Sowohl Planck als auch Platon brachten zum Ausdruck, dass es Höheres, Planhaftes und Intelligentes hinter den äußeren Erscheinungsformen gibt.

Die beobachtbare Harmonie und Ordnung in der Natur bzw. im Kosmos wäre demnach kein Zufallsprodukt, sondern eine grundlegende Wirkungsweise eines „fundamentalen Bewusstseins", das hinter allem steht. Harmonie kann in diesem Sinn als ein „Naturgesetz" angesehen werden.

Die Natur selbst ist Harmonie, die sie durch universale Vernetzung, Kooperation und ein ausgeklügeltes, fein aufeinander abgestimmtes Zusammenwirken ausdrückt. Dazu gehört die Möglichkeit eines Lebewesens, sich selbst zu entwickeln und sich von anderen zu ernähren ebenso wie anderen bei ihrer Entwicklung zu helfen. Harmonie braucht nicht erst von uns hergestellt zu werden, führt Hermann Knoblauch dazu aus, denn sie ist eine überall erfahrbare Tatsache. „Alles lebt füreinander und durch alles andere. Allein der Mensch ist in der Lage, sich der Harmonie der Natur bzw. der universalen Vernetzung zeitweise entgegenzustellen. Doch brauchen wir uns über die Ergebnisse nicht zu wundern. Wir sehen in erschreckendem Maße, wie unsere schöne Welt fast bis an den Rand der Vernichtung getrieben wird."[26]

Es deutet sich an, dass der Mensch nicht die Krone der Schöpfung ist, sondern als ein Bestandteil einer von Bewusstsein oder Intelligenz durchdrungenen Ordnungsstruktur sein Leben entfaltet. Der Mensch ist Teil des Kosmos. Das menschliche Bewusstsein kann sich nun in diese Ordnungsstrukturen eingliedern oder kurzfristig dagegen arbeiten und Disharmonien schaffen. Viele Probleme, seien diese nun ökologischer, ökonomischer, zwischenmenschlicher oder nationaler Art, beruhen darauf, dass wir gegen unser eigenes Gespür für Harmonie und Ethik arbeiten und oftmals egozentrische Ziele in den Vordergrund stellen.

Doch nicht nur Harmonie will erkannt und gelebt sein. Vielmehr muss der Mensch sich auch selbst verstehen.

Sich selbst zu erkennen, heißt Ethik zu erkennen

Wenn Ethik nun den Anspruch hat, zu zeigen, was wertvoll und sinnvoll ist, ist es erforderlich, dass der Mensch sich selbst erkennt, und zwar sowohl in geistiger als auch in physischer Hinsicht. Längst ist ein ganzheitliches Menschenbild überfällig. Märtens schreibt dazu: „Der Mensch ist ein vielschichtiges Wesen, das sowohl egoistische als auch altruistische Tendenzen und Neigungen besitzt. Er hat aufgrund seines Selbstbewußtseins, seines Willens und seiner durch Vernunft gegebenen Urteilskraft die Möglichkeit, jederzeit zwischen diesen dualen Aspekten seiner Seele zu wählen und sich entsprechend zu entwickeln. Dadurch nimmt er eine Sonderstellung in der Natur ein, die ihn zu besonderer Verantwortung gegenüber seinen Mitmenschen sowie Tieren, Pflanzen und der gesamten Umwelt verpflichtet. Gleichzeitig ist der Mensch ein Bestandteil der Natur. Seine universale Verbundenheit kommt in Form einer seiner Seele inhärenten universalen Essenz zum Ausdruck. Durch sie kann er kraft Intuition Weisheit erlangen, Ethik erkennen und bewahrheiten und altruistische Eigenschaften wie Liebe, Mitleid und Pflichtbewußtsein aus sich heraus entwickeln."[27]

Welche Erkenntnisse die Zukunft auch für uns noch bereithalten mag, ein Markenzeichen des Menschseins ist mit Sicherheit die Fähigkeit, denken bzw. nachdenken zu können. Aufgrund unserer Verstandes- und Urteilskraft sind wir befähigt, zwischen gut und böse, richtig und falsch zu unterscheiden. Wir sind in der Lage, harmonische Abläufe und Wirkungsweisen zu erkennen, sie auf uns selbst zu beziehen (Selbstbewusstsein) und für uns erfassbar und erfahrbar zu machen. Über genau diese spirituell-geistigen Fähigkeiten erschließt sich uns auch Ethik in ihrer Tiefe und Schönheit.

Die Verbindung und Vernetzung zwischen Mensch und Kosmos ist hier entscheidend. „Kein Mensch kann ein richtiges Verständnis für Ethik und Moral haben, wenn er seinen richtigen Platz im Universum nicht begreift, seinen Ursprung, seine Natur und seine Bestimmung", schreibt von Purucker.[28] Doch genau über diese Dinge machen wir uns gegenwärtig kaum Gedanken. Einfache Aufrufe, dass der Mensch gut zu sein habe, sind daher in der Regel wirkungslos. Denn „gut zu sein, weil Gut sein gut ist" befriedigt die fragende Natur des Menschen kaum.[29] Wenn wir aber unsere Verwandtschaft und Verbundenheit mit allem, was ist, erkennen, wenn wir unsere Verantwortung und Pflichten innerhalb dieser Vernetztheit begreifen und wenn wir sehen, dass „Gut sein“ die Erfüllung und Vollendung der im Menschen angelegten edlen Möglichkeiten bedeutet, dann wird der Sinn guter Handlungen sichtbar und zu einer Herausforderung. Harmonisches Handeln wird dann zu einer Erfüllung.

Harmonisch handeln heißt Verantwortung übernehmen

Die Empfindungsfähigkeit für Verantwortung ist tief im Menschen verankert, denn sie geht mit unserem Gespür für Harmonie Hand in Hand. Verantwortung zu übernehmen heißt, für die Folgen des eigenen Tuns und Unterlassens geradezustehen. VerANTWORTung bedeutet auch, eine Rückwirkung, eine Reaktion, eine Antwort auf jede Handlung zu erhalten. Es zeigt sich ein Ursache-Wirkungs-Kreislauf, denn wie ein Bumerang kehrt alles irgendwann einmal zum Werfer zurück. So gelangt zum Beispiel das in „fernen“ Ländern ausgebrachte DDT über die Nahrungskette wieder auf unseren Tisch. Doch auch das ist Harmonie, wenn auch von einer anderen Art!

Harmonie bedeutet nicht Stillstand und Verharren in einem ausgewogenen Zustand. Vielmehr lässt sich beobachten, wie sich alles in der Natur ausgleicht und versucht, in ein relatives oder neues Gleichgewicht zurückzukehren. „Man kann nicht zweimal in den gleichen Fluß steigen. Denn: Alles fließt und nichts bleibt!“ Diese alte philosophische Weisheit von Heraklit deutet an, wie komplex die Funktionsweise des „Naturgesetzes“ Harmonie ist. So entsteht Harmonie im menschlichen Leben, wenn es gelingt, die Balance zwischen Egoismus und Altruismus, zwischen Pflichten und Rechten zu halten. Wobei wir uns, wenn alle ihre Pflicht täten, um unsere Rechte nicht mehr zu kümmern bräuchten.[30] Wenn wir Verantwortung übernehmen, dann heißt das auch, dass wir bereit sind, erzeugte Disharmonien wieder auszugleichen. Wir tragen die Folgen und stehen für unsere Taten ein, die eines Tages aufgrund der Vernetztheit sowieso zu uns zurückkehren.

Ohne Herzenskultur kann Ethik nicht gelebt werden

Durch einen Ausbau der genannten Ansätze und einen Erkenntnisgewinn darüber, was kosmische Gesetze umfassen und für die tägliche Praxis bedeuten, könnte Ethik wieder den Stellenwert erhalten, den sie im Leben eines Menschen haben sollte. Dies war ein Leben lang auch das unermüdliche Bestreben von Hermann Knoblauch. Er wusste: Ohne Ethik und ohne eine fundamentale Verankerung im Denken dessen, was sie ist, werden wir kaum befriedigende und menschenwürdige Lösungen heutiger Probleme finden.

Es ist eine wichtige Aufgabe der Ethik, den Menschen zu größerer Humanität zu führen, d. h. dazu, eine edle Gesinnung im Verhalten zu seinen Mitmenschen und zur gesamten Natur zu pflegen. Ein ethisch orientiertes Denken umfasst daher die Fähigkeiten des *ganzen Menschen.* Herz und Verstand müssen hier kongruent sein und Hand in Hand zusammenwirken.

Aus diesem Grunde bedürfen eine angewandte Ethik oder moralisch gute Handlungen der Ausbildung des inneren Menschen. Dazu gehört die Entwicklung einer Herzenskultur ebenso wie der Mut, nach dem eigenen Gewissen zu handeln und Zivilcourage zu zeigen. Das Wissen und Erkennen der eigenen Pflichten sowie der Aufbau eines Verantwortungsbewusstseins sind weitere Meilensteine, Ethik im Alltag zu realisieren.

Insbesondere die Herzenskultur wird gegenwärtig viel zu wenig beachtet. Ohne sie fehlt eine zentrale Fähigkeit, um Ethik leben zu können. Die Kultur des Herzens berührt jene seelischen Bereiche, in denen wir *wertfühlend* (das in uns liegende Gespür für Werte nutzend) und mitfühlend an Menschen und Dingen Anteil nehmen und unser Verbundensein mit ihnen erleben. Dieser empfindende, intuitive Teil ergänzt den des rationalen, sachlichen Denkens und des „wertungsfreien" Wissens. Die Herzenskultur eines Menschen bildet einen wesentlichen Bestandteil ethisch ausgerichteter Bildung, da Attribute wie Wohlwollen, Mitleid, Mitfreude, Gleichmut, die Fähigkeit der Rücksichtnahme und Hilfsbereitschaft mit ihr einhergehen.

Das Gewissen – die verantwortende Instanz in uns

Aber auch das Gewissen ist eines unserer besten Instrumente, um Ethik zu leben. Das Gewissen bildet die verantwortende Instanz im Menschen. Denn unser Verantwortungsbewusstsein basiert in weiten Teilen auf dem Gewissen. Über unser Gewissen sind wir schließlich in der Lage, zu werten und von innen heraus zu empfinden, ob Recht oder Unrecht geschieht. In diesem Sinn ist das Gewissen, wenn man so will, der innere Gerichtshof des Menschen in allen Fragen der guten Moral. Wenn das Gewissen rein ist und wir moralisch gut handeln, dann befindet es sich in Harmonie und zeigt, dass der Mensch mit Ethik bzw. mit kosmischem Gesetz im Einklang steht.

Pflichten – Eckpfeiler der Kultur

Bei alledem ist die Bedeutung der Erfüllung von Pflichten – wie bereits angesprochen – nicht zu vergessen. Zu lange sind Pflichten durch den einseitigen Gedanken an unsere Rechte ins Abseits gedrängt worden. Doch beide gehören wie die zwei Seiten einer Medaille zusammen. Beim genauen Hinsehen zeigt sich denn auch, dass Pflichten zu den Eckpfeilern der Ethik und der menschlichen Kultur gehören. Von Purucker schreibt dazu: „Durch ein lebenslanges Studium bin ich zu der Überzeugung gekommen – und sie wird von allen großen Denkern bestätigt –, daß die menschlichen Konflikte enden würden, und zwar ziemlich schnell, wenn alle Menschen – wirklich alle, jeder eingeschlossen – ihre individuelle Verantwortung gegenüber ihren Mitmenschen erfüllen und ihre Pflicht gegenüber allen Wesenheiten erkennen würden."[31]

Hermann Knoblauch betonte die Bedeutung der Pflichterfüllung bereits zu einer Zeit, in der die Einforderung der Rechte im Vordergrund stand. Er ist ein Pionier des Gedankens der Pflichterfüllung in der Gegenwart. Die Erfüllung von Pflichten und das Leben von Ethik sind untrennbar verbunden. Wenn wir harmonisch handeln wollen – im Sinne des kosmischen Gesetzes –, dann können wir nicht auf unsere Rechte pochen – und damit Streit säen. Erst durch das Wahrnehmen von Pflichten erreichen wir Frieden mit uns selbst, mit unseren Mitmenschen und mit der Natur, auch die Völker untereinander könnten in Frieden miteinander leben.

Die eindeutige Verbindung zwischen Ethik und Pflichten – wie auch Kant sie formulierte – spiegelt sich in der Feststellung wider, dass Ethik kosmisches Gesetz ist. Ausgehend von dem Ordnungsprinzip, dass alles mit allem verbunden ist[32] – so wie es auch die Ökologie im Kleinen beweist –, wird deutlich, dass wir nicht atmen, handeln oder denken können, ohne Einfluss auf alles andere auszuüben. Diese Vernetzung funktioniert jedoch nur in Harmonie, wenn wir pflichtgemäß agieren. So besitzt der Mensch nicht nur das Recht, die Natur für seine Bedürfnisse zu nutzen, sondern gleichzeitig haben wir die Pflicht, die Natur so zu benutzen, dass sie sowohl für nachfolgende Generationen als auch für die Natur um ihrer selbst willen erhalten bleibt.

Ethik ist mit großer Sicherheit heute noch ein völlig unterschätzter Faktor für die Zukunftsfähigkeit von Wissenschaft, Wirtschaft und Gesellschaft. Noch wissen wir nicht in der Tiefe und mit allen Konsequenzen, wie sehr wir sie brauchen und was sie alles umfasst. Doch einiges wird heute schon deutlich: Ohne Ethik wird in naher Zukunft eine maßgebliche Grundlage wirtschaftlichen und unternehmerischen Denkens und Handelns fehlen. Denn ethisch orientiertes Denken bildet die Grundlage für Vertrauen, Eigenverantwortung, Toleranz, Offenheit, Kooperationsbereitschaft und Teamfähigkeit, ohne die langfristiger Erfolg nicht gesichert werden kann. Und ohne ein ethisch orientiertes Denken werden wir die gesellschaftlichen Probleme der Gentechnik, der Umweltzerstörung und der Informationstechnologien nicht in den Griff bekommen.

Die Zeit ist reif zu verstehen:
Ethik ist der Zukunftsfaktor Nummer eins!

---

1 Vgl. Pusch, Marion: Revision des Mensch-Natur-Verhältnisses – ethische und ganzheitliche Ansätze für die universitäre Lehre. München, 1997, S. 50–54.

2 Emnid-Untersuchung, HAZ, 28.5.2001.

[3] KPMG Deutsche Treuhand-Gesellschaft, Aktiengesellschaft, Wirtschaftsprüfgesellschaft, Integrity Services, Umfrage zur Wirtschaftkriminalität, 1999.
[4] Hegel, Georg Wilhelm Friedrich: Rechtsphilosophie (1821). Stuttgart, Bad Kantstadt, 1973.
[5] Planck, Max: Vom Wesen der Willensfreiheit. Leipzig, 1936, S. 21.
[6] Wöbse, Hans-Hermann: Die Einheit von Materie, Geist und Seele. Über die Sinnhaftigkeit einer Synthese natur- und geisteswissenschaftlicher Erkenntnisse für die Ethik-Diskussion. In: Landschaft und Stadt, 19 (1), 1987, S. 5.
[7] Tietz, Horst: Skript zur Einrichtung eines Lehrstuhls für „Ethik in den Wissenschaften" an der Universität Hannover, 1992.
[8] Ulfig, Alexander: Lexikon der philosophischen Begriffe. Eltville am Rhein, 1993.
[9] zitiert nach Höffe, Otfried: Lesebuch zur Ethik.München,1998, S. 111.
[10] Stietencron, Heinrich von: Der Beitrag der indischen Religionen zu einem Weltethos. In: Zeitschrift für Kulturaustausch, 1993, S. 108.
[11] vgl. Stark, Werner: Vor dem Umgang mit Geistern wird gewarnt. In: FAZ v. 16.7.1996, S. N6.
[12] vgl. Reifenrath, Bruno H.: Menschenwürde, Frankfurt am Main,1986, S. 11.
[13] vgl. Hirschberger, Johannes: Geschichte der Philosophie, Band I, Freiburg, 1976, S. 81.
[14] Moritz, Ralf: Die Philosophie im alten China, Berlin, 1990, S. 73.
[15] Von Purucker, Gottfried: Wörterbuch, Hannover, 1990, S. 84.
[16] ebenda.
[17] vgl. ebenda, S. 84–85.
[18] Mong Dsi: Die menschliche Natur ist gut. Aus: Die Lehrgespräche des Meisters Meng Ko, Köln, 1982, S. 163f.
[19] Aus diesem Grund wäre der Begriff Moraltheorie für viele „Ethiken" geeigneter.
[20] In einem ganzheitlichen Menschenbild, wie es vom Netzwerk für interdisziplinäre Ursachenforschung vertreten wird, beginnt menschliches Leben mit der Verschmelzung von Samen und Eizelle.
[21] Planck, Max: Vom Wesen der Willensfreiheit. Leipzig, 1936, S. 24.
[22] Vgl. Purucker, Gottfried von: Goldene Regeln. Stuttgart, 1949, S. 111.
[23] Pusch, Marion: Revision des Mensch-Natur-Verhältnisses – ethische und ganzheitliche Ansätze für die universitäre Lehre, München, 1997, S. 140–147.
[24] ebenda, S. 181.
[25] ebenda, S. 20–21.
[26] Knoblauch, Hermann: In Harmonie mit dem Unendlichen, Vortrag, Hannover, 1996.
[27] Märtens, Manola: Ethik als Grundlage für moralisches Handeln in Unternehmungen. Schriften zum Management, Bd. 13, München und Mering, 1999, S. 97.
[28] Von Purucker, Gottfried: Grundlagen. Bd. 9, Hannover, 1980, S. 35.
[29] Knoblauch, Hermann: Mündliche Mitteilung, 1979.
[30] Knoblauch, Hermann: Mündliche Mitteilung, 1985.
[31] Von Purucker, Gottfried: Spirituelles Erwachen. Hannover, 1992, S. 91.
[32] Siehe auch in diesem Band: Frischat, Hannes: Die Einheit der Natur in Quantenphysik und Philosophie. S. 133.

Homo ethicus definiert

Der ethisch ausgerichtete Mensch

Der Homo ethicus ist der Idealtypus eines ethisch ausgerichteten Menschen. Er strebt danach, sein Denken und Handeln in Einklang mit universal gültigen, ethischen Prinzipien zu bringen – wie Menschlichkeit, Harmonie und universale Vernetzung. Aufgrund seiner Einsicht in die ordnende Wirkung dieser Prinzipien stellt der Homo ethicus das Gemeinwohl über den Eigennutz, Pflichtbewusstsein über das Einfordern von Rechten, Kooperation vor Konkurrenz. Hierbei erfährt er die Dualität der menschlichen Natur, entscheidet sich jedoch gemäß der eigenen Erkenntnis für ethisch orientiertes Handeln. Er verwirklicht Eigenschaften wie Verantwortungsbewusstsein, Intuition, Aufrichtigkeit und Herzenskultur. Jeder Mensch hat in sich die Anlage zu einem Homo ethicus und kann diesen mittels seines freien Willens und seines Selbstbewusstseins entwickeln. Der Homo ethicus ist eine Voraussetzung für Frieden in der Welt.

Diese Definition wurde entwickelt vom
Netzwerk für interdisziplinäre Ursachenforschung.

Die Erfüllung von Pflichten ist eine Grundvoraussetzung für Harmonie und weltweiten Frieden. Allein diese Erkenntnis ist umfassend und gravierend. In die Tat umgesetzt, würde sie nicht nur unser eigenes Leben ändern, sie würde darüber hinaus weltweit zu einer Verständigung der Völker untereinander führen.

Hermann Knoblauch

Die Aktualität von Menschenpflichten

Anette Bickmeyer

Befinden wir uns in einer Wertekrise der Rechte und Pflichten? Werden Menschenrechte zu stark betont, während die Pflichten im Leben des Einzelnen und innerhalb der Völkergemeinschaft zu kurz kommen – oder ist es andersherum? In dem folgenden Essay wird die in den letzten Jahren geführte Debatte über Menschenrechte und Menschenpflichten unter dem Gesichtspunkt des Ideals der Bruderschaft aller Menschen betrachtet.

In den frühen 1940er Jahren schrieb der amerikanische Philosoph und Sanskritgelehrte Prof. Dr. Gottfried von Purucker angesichts des Zweiten Weltkriegs einen Artikel, den er „Der einzige Ausweg" nannte. Er schrieb darin:

„Eine Bruderschaft der Völker, die auf Vernunft und Gerechtigkeit gegründet ist, die sich der *Pflicht des menschlichen Bewusstseins* zuwendet und für das allgemeine Wohl arbeitet, für den Fortschritt aller, ist sowohl zweckmäßig als auch durchführbar und muss eines Tages unausweichlich kommen. Warum sollen wir also nicht *jetzt* die Fundamente dafür legen?"[1]

Menschenrechte

Das Ende des Zweiten Weltkriegs, die Erfahrung von Vertreibung und Vernichtung sowie die Hoffnung auf eine bessere Welt, in der der Einzelne vor Gewalt geschützt werden sollte, führten 1948 zur Verabschiedung der *Allgemeinen Erklärung der Menschenrechte* durch die Vereinten Nationen. Zwei Weltkriege und deren Folgen ließen viele Staatsführer die Dringlichkeit verbindlicher Statuten für den menschlichen Umgang spüren. In den folgenden rund 50 Jahren brachte das politische Bemühen um die Einhaltung der Menschenrechte für viele Menschen Erleichterung in unerträglichen Lebenssituationen, und die Vereinten Nationen wurden zu einem Forum, in dem die Missachtung von Menschenrechten immerhin thematisiert und durch den Haager Gerichtshof auch hin und wieder geahndet wird.

Heute, wie zu Zeiten ihrer Verabschiedung, wird unter der Staatengemeinschaft immer wieder für die internationale Beachtung der Menschenrechte geworben und gefochten. Doch gerade die weltweite Durchsetzung dieser Rechte stellt ein Problem dar. Menschenrechtsorganisationen wie beispielsweise amnesty international weisen immer wieder darauf hin. Volkmar Deile, ehemaliger Generalsekretär von amnesty international, erklärte 1997, dass die Hälfte der Staaten auf unserem Globus Menschen wegen ihres Glaubens, ihrer Überzeugungen, Herkunft und Rasse oder ihres Geschlechts inhaftierten. In einem Drittel aller Staaten werde gefoltert, und Menschen „verschwänden", ohne dass ihr Verbleiben aufgeklärt würde. Kinder verhungerten millionenfach, und Menschen, die sich für die Verwirklichung sozialer und bürgerlicher Menschenrechte einsetzten, würden verfolgt, bedroht und gequält. Deiles Bilanz macht deutlich, wie schutzlos vielerorts auf unserer Erde Menschen der Gewalt und Verfolgung ausgesetzt sind.[2]

Menschenpflichten

Als Mitglied des InterAction Council, eines Zusammenschlusses ehemaliger Staatsmänner und Regierungschefs aus allen fünf Kontinenten, veröffentlichte Alt-Bundeskanzler Helmut Schmidt 1997 die

Allgemeine Erklärung der Menschenpflichten in der Wochenzeitung *Die Zeit*.[3] Diese Erklärung ist das Ergebnis eines zehnjährigen Diskurses zwischen internationalen Staatsmännern und -frauen und Beratern aus den Religionswissenschaften und der Philosophie. Es ist ihr Anliegen, neben der vor über 50 Jahren verabschiedeten *Allgemeinen Erklärung der Menschenrechte (Universal Declaration of Human Rights)* ergänzend die *Allgemeine Erklärung der Menschenpflichten (Universal Declaration of Human Responsibilities,* die sich auch als *Erklärung der menschlichen Verantwortlichkeiten* übersetzen ließe) durch die Vereinten Nationen verabschieden zu lassen. Ihre Veröffentlichung und Schmidts Kommentare zur *Allgemeinen Erklärung der Menschenpflichten* löste nicht nur eine Diskussion in der *Zeit* aus, in der über Monate ihr Für und Wider von verschiedenen Positionen aus abgewogen wurde. Vielmehr steht der Diskurs über die *Allgemeine Erklärung der Menschenpflichten* im Kontext einer Diskussion um die allgemeine Durchsetzbarkeit der Menschenrechte: Schließlich sollten, wenn es nach den Vereinten Nationen ginge, rund 200 souveräne Staaten die Statuten der Menschenrechtserklärung respektieren. Doch das tun sie nicht.

Menschenrechte kulturbedingt?

Eine Schwierigkeit, die Menschenrechte durchzusetzen, besteht darin, dass sie im interkulturellen Dialog vermittelt werden müssen, wenn sie dem „universalen" Anspruch genügen sollen. Die vergangenen 50 Jahre haben gezeigt, wie schwierig es ist, diese Rechte auch und vor allem in jenen Teilen der Welt zu verteidigen, die sich auf andere Denktraditionen als die der Aufklärung stützen. Die Forderung nach interkultureller Toleranz kann leicht zu einem ethischen Relativismus führen und den Schutzgedanken der Menschenrechte abwerten.[4] Auch über die Kreise von Philosophen und Kulturwissenschaftlern hinaus wurde behauptet, dass die Werte, die die Menschenrechtsstatuten vertreten, von nicht-westlichen Kulturen kaum in allen Punkten geteilt werden könnten, weil sie nicht ihren Denktraditionen entsprechen. Diese Haltung zu den Menschenrechten reiht die Erklärung in eine westliche Denktradition ein, aber eben nicht auch in eine östliche. Im zweiten Schritt bewerten Kritiker die allgemeine Forderung der Vereinten Nationen nach der Einhaltung der Statuten der *Menschenrechte* als Ausdruck von Kulturimperialismus. Diese kultur- und werterelativierenden Ansichten werden nicht nur von geistigen Führern östlicher Kulturen vorgebracht, sondern auch von Politikern, die über solche Argumente ihre totalitären Staatsapparate zu rechtfertigen versuchen. Die Frage bleibt: Welche Werte sollten und könnten international verbindlich sein, um Humanität und Frieden zu fördern?

Schwächen Pflichten die Rechte ab?

Im Spannungsfeld dieser Auseinandersetzung über die Menschenrechte wurde die Forderung nach einer „Liste der menschlichen Verantwortlichkeiten", wie das InterAction Council sie formulierte, als Angriff auf die *Allgemeine Erklärung der Menschenrechte* gedeutet. Dem Council wurde vorgeworfen, die bis dahin erfolgten Anstrengungen zur Durchsetzung der Menschenrechte auf internationalem Parkett abzuschwächen, wo es eigentlich nur an dem politischen Willen der Staatsführer läge, diese Rechte durchzusetzen. Außerdem wurde kritisiert, dass gesellschaftliche Fehlentwicklungen, die das Council anmahne, wie beispielsweise „permissive[5] Erziehung" oder „rücksichtslose egoistische Selbstverwirklichung", mit der Existenz der Menschenrechte gar nichts zu tun hätten.[6]

In einem an der Hansung University von Seoul in Korea zum Thema „It is Time to Talk about Responsibility" gehaltenen Vortrag[7] führte Helmut Schmidt aus, dass es dem InterAction Council vor allem um die Anstiftung zu einer globalen Debatte über Verantwortung und Pflichten ginge. Ähnlich wie bei der Deklaration der Menschenrechte handele es sich bei der Deklaration der Menschenpflichten um einen ethischen Appell und nicht um ein internationales Gesetz. Die Befürworter der Menschenrechte hielten sicherlich dagegen, dass es aber gerade um die Durchsetzung der Rechte als allgemeines Gesetz ginge, das von allen Staaten akzeptiert werden müsse. Doch auch hier zeigt sich ein Dilemma in der Realpolitik: Schmidt wies in seiner Rede darauf hin, dass auch westliche demokratische Staaten die Menschenrechte und deren Verteidigung für ihre eigenen Machtinteressen missbrauchten. Die USA führten beispielsweise die Verteidigung der Menschenrechte als Grund an, um ihr aggressives Auftreten gegenüber Ländern wie China, Iran oder Libyen zu rechtfertigen. Ihr Verhältnis zu Saudi-Arabien, Israel oder Nigeria wird demgegenüber nicht mit Forderungen nach Menschenrechten in diesen Staaten belastet, auch wenn die Forderungen hier genauso gelten müssten wie in China. Ökonomische und strategische Interessen der USA werden in diesen Fällen höher bewertet als die Rechte der Verfolgten in den letztgenannten Ländern.

Die offensichtliche Heuchelei in der Auseinandersetzung und Durchsetzung der Menschenrechte wird immer wieder offenbar, wenn wir die Realpolitik auch gerade der westlichen Staaten gegenüber diktatorischen Regimen beobachten.

Die Debatte über den Weg zu mehr Humanität in der Welt, wie sie im Streit über das Für und Wider einer Erklärung der Menschenpflichten zum Ausdruck kommt, kann als Zeichen eines veränderten Blicks verstanden werden, eines Blicks, der den Pflichten langsam, aber stetig einen höheren Stellenwert einräumt als den Rechten.

Rechte lassen sich nur einklagen, wenn es auch Menschen gibt, die die Pflicht empfinden, sie zu achten. Dieses Umdenken betont das Abwenden vom „Ich" und eine Hinwendung zum „Du" oder „Wir". *Anders gedacht,* könnten die Menschenrechte auch nach einer Parole ausgelegt werden, die da lautet: „Nicht meine Rechte gilt es zu erkämpfen – Kampf führt in der Regel zu Krieg oder ist Ausdruck dessen –, sondern *deine* Rechte gilt es zu achten, um in der Gemeinschaft leben zu können und jedem den nötigen Schutz zu gewähren." Von Purucker warnte bereits 1942: „Gewalt erzeugt Gewalt, und Gewalt wächst durch Gewalt. Hass gebiert Hass, und Selbstsucht erzeugt weitere Selbstsucht. Wenn jeder auf sein vermeintliches Recht pocht, so entstehen Streit, Krieg und die Zustände, wie sie heute existieren."[8]

Volkmar Deile hat sicherlich Recht, wenn er anmerkt, dass die Kulturkritik, die das InterAction Council als Motiv für ihre „Liste der Verantwortlichkeiten" anführt, nichts mit den Menschenrechten an sich zu tun hätte: „Permissive Erziehung" und „rücksichtslose egoistische Selbstverwirklichung" sind Ausdruck eines bestimmten Welt- und Menschenbildes. Und dennoch machen es sich die Kritiker der „Deklaration der Menschenpflichten" zu einfach, getrieben von der Sorge, dass ihr Einsatz für die Rechte der Unterdrückten und Notleidenden untergraben werden könnte. Die Initiatoren des InterAction Council stellen schließlich nicht das Anliegen der *Allgemeinen Erklärung der Menschenrechte* in Frage, sondern die *Gedankenatmosphäre,* die die *Erklärung der Menschenrechte* in den letzten 50 Jahren auch gerade in der westlichen Welt gefördert hat. Aus Sicht des InterAction Councils verursacht das Bestehen auf Rechten „Konflikte, Spaltung und endlosen Streit". Die Vernachlässigung der Menschenpflichten könne zu Gesetzlosigkeit und Chaos führen.[9]

Menschenpflichten in der Praxis

Eine „Liste der Verantwortlichkeiten" kann als Handlungsleitfaden verstanden werden, um die Probleme von einem veränderten Standpunkt aus anzugehen, der jedem Menschen auf diesem Planeten Hinweise bietet, wie er oder sie aktiv für die Rechte seiner Mitmenschen und Mitwelt eintreten kann. Dabei geht es um den Beitrag, den *jeder in seinem eigenen Leben* leisten kann.

Nur was wir tatsächlich leben, also die Gedanken und im zweiten Schritt die Handlungen, die diesen Gedanken folgen, ist entscheidend bei der Gestaltung unserer Welt, unserer Gesellschaft, unseres Lebens. Der Gründer des Netzwerks für interdisziplinäre Ursachenforschung, Hermann Knoblauch, wies schon vor Jahrzehnten immer wieder auf diese Zusammenhänge hin und setzte sich für ihre Vermittlung ein. Sein Credo ist einfach und dabei doch ein entscheidender Schlüssel zur Lösung von Konflikten:

„Die Erfüllung von Pflichten ist eine Grundvoraussetzung für Harmonie und weltweiten Frieden. Allein diese Erkenntnis ist umfassend und gravierend. In die Tat umgesetzt, würde sie nicht nur unser eigenes Leben ändern, sie würde darüber hinaus weltweit zu einer Verständigung der Völker untereinander führen."[10]

Das hier angestrebte Ziel scheint nur auf den ersten Blick hochgesteckt; in Wahrheit wird hier formuliert, was sich die meisten Menschen, zumal jene, deren Leben durch Krieg und Terror bedroht ist, wünschen. Die längste Reise beginnt, wie das Sprichwort sagt, mit dem ersten Schritt, und viele Schritte in die richtige Richtung werden auch schließlich zum Ziel führen. Solange dieses Ziel von möglichst vielen Menschen verfolgt wird, die über ihre Pflichten nachdenken und sie in die Tat umsetzen, wird Vertrauen entstehen.

Deklarationen sind lediglich Willensbekundungen; unser Denken und Verhalten im Alltag zeigen, wieweit dieser Wille auch umgesetzt wurde; und zwar von uns selbst und nicht durch andere. Seit den frühen 70er Jahren wurde der Aufklärung über Rechte an deutschen Schulen und Universitäten besondere Aufmerksamkeit gewidmet. Der selbstbewusste, aufgeklärte Bürger, Schüler, Auszubildende war ein Ziel, durch das die Demokratie gestärkt werden sollte. Das Gegenbild dazu war der „autoritäre Charakter", anti-demokratisch, weil obrigkeitshörig und somit unkritisch.

Der Zeitgeist der frühen 70er Jahre kann als Reaktion auf die Nachkriegsära in der Bundesrepublik und deren Art der Auseinandersetzung mit dem Nationalsozialismus verstanden werden. Der Begriff Pflicht war in diesem Kontext in den Jahren gesellschaftlichen Umbruchs für viele Synonym für „blinden Gehorsam", „Entmündigung" oder im besten Fall „Pflicht zum Ungehorsam". Heute, 30 Jahre später, hat unsere Gesellschaft so manche Veränderung erlebt und durchlaufen, dennoch hat sich diese Denkgewohnheit über den Begriff „Pflichten" kaum geändert. Scheinbar. Denn gleichzeitig hat die Sorge um die ökologische Katastrophe in den letzten Dekaden ein Bewusstsein geschaffen, das an die Pflicht – zumal gegenüber kommenden Generationen – zur Erhaltung und Pflege der Natur und der natürlichen Ressourcen appelliert.

Etymologisch bedeutet Pflicht, für etwas Sorge zu tragen; Verbindlichkeit, Teilnahme und Gemeinschaft sind eng mit dem Begriff der Pflicht verknüpft. Die ökologische Bewegung und ihre Themen hielten Einzug in die Politik. Die Einsicht, dass nur in der Gemeinschaft, innerhalb eines Landes, und im nächsten Schritt innerhalb der Staatengemeinschaft, also weltweit, unsere natürlichen Lebensgrundlagen erhalten werden können, scheint auf den ersten Blick klar und zwingend zu sein. Theoretisch jedenfalls. Auch hier beginnt die Lösung der Probleme wieder vor der eigenen Haustür und nicht vor der Haustür des Nachbarn. Diese Sichtweise hat nichts mit moralisierendem Mahnen zu tun, sondern mit dem, was die englischsprachige Welt „common sense" nennt. „Gesunder Menschenverstand", aber auch Sinn für das Gemeinsame liegen in der Bedeutung dieser sprachlichen Wendung. Ein Verständnis dafür – die Verknüpfung des Verständnisses für die Theorie mit der praktischen Umsetzung im Leben – zu vermitteln, könnte am Beginn des neuen Jahrtausends ein Auftrag für die Schulen und Unversitäten sein.

Solch eine Akzentverschiebung ist kein Anachronismus, sondern für die Funktionstüchtigkeit unserer Gesellschaft in der Zukunft überlebensnotwendig. Dies sowohl im Hinblick auf die Erhaltung der Natur, deren Teil wir sind, als auch im Hinblick auf die Schutzfunktion, die unsere Gesellschaft für den Einzelnen leisten sollte.

Zivilcourage

In unseren Gesetzen ist nicht festgelegt, dass es eine Pflicht zur Hilfeleistung gibt, andererseits wird aber die unterlassene Hilfeleistung rechtlich geahndet. Die Pflicht, zu erkennen, wo ein anderer Mensch unbedingt der Hilfe bedarf, hat auch etwas mit Zivilcourage zu tun. Traurige Beispiele aus dem Alltag, wo es mittelbar Beteiligten an dieser Courage fehlte, kursierten gerade in den letzten Jahren durch die Presse: Die Frau, die in einer Hamburger U-Bahn einem Vergewaltiger ausgesetzt war, konnte nicht auf die Zivilcourage der anderen Fahrgäste bauen, die statt Hilfe zu leisten, wegschauten und die Bahn verließen. Der Ausländer, der vom Mob durch die Straßen einer deutschen Stadt gehetzt wurde und um sein Leben rennen musste, konnte nicht auf die Hilfe von anderen bauen. Das Denken, das sich darauf reduziert, dass, solange die eigenen Rechte geschützt sind, es keinen Grund gibt, für die Rechte anderer einzutreten – und damit eine Pflicht, für andere Sorge zu tragen, zu erfüllen –, stellt in letzter Konsequenz den Anspruch auf eigene Rechte in Frage. Rechte können nur gegen den Preis der Pflichtausübung dauerhaft erhalten und erworben werden. Die Abwehrrechte gegen den Staat, die Rechte, die verhindern, dass der Staat willkürlich in das Leben des Einzelnen eingreift, haben ihre historische Berechtigung; die Pflicht, für das „Gemeinwohl" (wie immer der Einzelne dieses für sich auslegen mag) einzutreten, ist ein Gebot der Stunde, um das eigene Leben und auch das anderer in unserer Gesellschaft zu schützen, wo der Staat versagt oder nicht schnell reagieren kann (die Frau in der Hamburger U-Bahn oder der drangsalierte Ausländer bedurften der Hilfe durch couragierte Mitbürger und nicht durch abstrakte Staatsmacht). Zivilcourage ist das Produkt einer Veränderung des Denkens vom Egoismus hin zur Mit-Verantwortung für die Gemeinschaft.

Einige Schulen in unserem Land sind da weiter als vielerorts die Politik: Schulleitung und Schüler handelten verbindliche Verträge über Standards des Verhaltens und Umgangs aus. Für die Einhaltung dieser Regeln sind alle Beteiligten mitverantwortlich. Die Pflicht der Selbstkontrolle garantiert die Rechte des Einzelnen innerhalb der Schulwelt. Solche Projekte werden als ungewöhnlich erfolgreich von Schulleitung und Schülerschaft gelobt. Denn es geht hier nicht um Moralpredigten vom Katheder herunter, sondern um eine gelebte Ethik, die jeden Tag neu im Denken und Handeln getestet und geübt wird. Das so Gelernte hat die Aussicht auf Bestand. Kants kategorischer Imperativ („Handle so, dass die Maxime deines Willens jederzeit zugleich als Prinzip einer allgemeinen Gesetzgebung gelten könnte"[11]) bleibt nicht als blutleerer Prüfungstext des Fachs „Werte und Normen" auf dem Pult im Klassenzimmer liegen, sondern Kants Gedanken erhalten die Chance, durch die Schüler in Korridoren und auf Schulhöfen im Schulalltag und darüber hinaus erprobt und geprüft zu werden. Diese Generation von Schülern wird dann wahrscheinlich auch das Mobbing am Arbeitsplatz als abartiges Verhalten deuten, die so geschulte junge Generation von Nachwuchspolitikern wird den Gedanken der Pflichterfüllung und das Eintreten für die Gemeinschaft hoffentlich ernster nehmen, als es sogenannte Vorbilder in der gegenwärtigen Politik praktizieren und vorleben.[12]

Mit der Natur

Mit der Natur zu leben und die Lösungen der Probleme unserer Gesellschaften und unserer Umwelt vor allem in uns selbst zu suchen, fordern auch Philosophen wie Gottfried von Purucker, die die Vielschichtigkeit der menschlichen Natur, ihre aufbauenden wie zerstörerischen Fähigkeiten als objektive Idealisten wahrnahmen:

„Eines der wichtigsten Ziele oder vielmehr eine der wichtigsten Aufgaben ist es, den Menschen die einfachen Regeln der Vernunft aufzuzeigen. Das Leben sollte von den großen ethischen Instinkten der menschlichen Seele regiert werden. Diese basieren nicht auf menschlicher Übereinkunft, vielmehr sind sie auf der Ordnung, auf der Struktur und den Prozessen der Natur aufgebaut. Aus diesen ethischen Instinkten entspringen die richtungsweisenden Regeln der Vernunft, mit der Natur in Harmonie die Pflichten als Menschen zu erfüllen und das Rechte zu tun. Sie lehren uns, daß der ‚Ausweg' in uns selbst liegt, also weder in den Armeen oder Flotten der Völker noch in all den schrecklichen Methoden gegenseitiger Zerstörung, die der entartete untermenschliche Genius erfunden hat. Dies sind weder zeitweilige Heilmittel, noch tragen sie zu einer befriedigenden Lösung der Probleme bei, sie bewirken vielmehr das Gegenteil."[13]

Dieser Einsicht folgend, warnen ehemalige Staatsmänner vor der Pervertierung des Rechtsgedankens, der darauf hinausläuft, dass das Recht des Stärkeren gilt. Dazu gehört auch, wie bereits oben angeführt, dass eine vermeintlich „starke Nation" wie die USA nach eigenem Gutdünken entscheidet, wo und wann sie für Menschenrechte eintritt und wann sie deren Verletzung aus politischem Kalkül ignoriert. Staaten und Volksgruppen auf dem Territorium des ehemaligen Jugoslawien sollten beispielsweise genauso wie die Staaten und Völker im Nahen Osten erkennen, dass Rechte und Pflichten die zwei Seiten ein und derselben Medaille sind. Ohne die Anerkennung und Erfüllung von Pflichten kann es keine Rechte geben – und ihre Erfüllung schafft Vertrauen. Vertrauen wiederum schafft den Nährboden, auf dem die nächsten Generationen in Frieden mit- und nebeneinander leben können. Die Unterstützung der Idee einer *Allgemeinen Erklärung der Menschenpflichten* ist ein Aufruf wider den Zynismus in der Politik, der die Forderung nach Menschenrechten als Pferd vor den Wagen eigener Interessen spannt und die Pflichten gegenüber der Gemeinschaft und der Natur nicht wirklich ernst nimmt.

Damit diese Welt für so viele Menschen wie möglich lebenswert wird und bleibt, ist demnach nicht entscheidend, welche Erklärungen abgegeben werden, sondern welches *Denken* vorherrscht, das entsprechende Taten nach sich zieht. Das Pochen auf Rechte schafft in vielen Bereichen des Lebens eine vergiftete Atmosphäre. Rechte und Pflichten müssen ausgehandelt werden: Wie eine Familie, deren Mitglieder aushandeln müssen, wer welche Aufgaben übernimmt, damit das Zusammenleben für alle wertvoll ist und nicht – sagen wir, nur der Mutter allein alle Pflichten aufgebürdet werden oder Haushalt und Familie durch Desinteresse der Beteiligten schliesslich auseinander fallen, so müssen letztlich auch die Völker Rechte und Pflichten aushandeln. Wie die globalen ökologischen Probleme der Gegenwart aber auch deutlich machen, geht es bei diesen Verhandlungen nicht allein um unseren Willen und unser Verständnis von „akzeptabel" und „inakzeptabel". Vielmehr muss es auch um die Berücksichtigung unserer Mitwelt oder Umwelt gehen, deren härtester Anwalt und Verteidiger die von uns als zumeist unangenehm empfundenen Rückwirkungen auf Fehlentwicklungen sind, die sich z. B. durch ökologischen Kollaps, neuartige Krankheiten bei Mensch und Tier oder durch Naturkatastrophen[14] ausdrücken.

Freiheit, Gleichheit, Brüderlichkeit

Somit relativiert die Forderung nach einer „Liste der Verantwortlichkeiten" nicht die Forderung nach den Grundrechten, wie sie in der *Erklärung der Menschenrechte* formuliert werden, sondern unterstützt besonders Artikel 1 der *Allgemeinen Erklärung der Menschenrechte,* den Artikel zu „Freiheit, Gleichheit, Brüderlichkeit": „Alle Menschen sind frei und gleich an Würde und Rechten geboren. Sie sind mit Vernunft und Gewissen begabt und sollen einander im Geiste der Brüderlichkeit begegnen." Und es ist dieser Geist der Brüderlichkeit, den ein einseitiges Pochen auf persönliche Rechte zerstören kann, der aber durch das Nachdenken eines jeden über die eigenen Pflichten als

Mensch gegenüber Mitmenschen und Natur gefördert wird.

Die Kritik, dass wir ja oft nicht wüssten, was unsere Pflichten wirklich seien, weil uns unser sogenanntes Pflichtgefühl durch Erziehung und Traditionen aufgezwungen worden sei, wird unhaltbar, wenn man die weitblickenden Worte des Philosophen berücksichtigt: „Sehen wir daher das, was vor uns liegt: Wenn wir den *Willen* haben, Gerechtigkeit zu üben, ohne von Eigennutz geleitet zu sein, wenn wir Liebe zu Ehre und Wahrheit pflegen, damit sie unter uns wirken kann, dann werden wir unsere Pflichten als Menschen allen anderen Menschen und der gesamten Natur gegenüber erkennen und aufhören, auf Menschenrechte zu pochen." [15]

---

1 Von Purucker, Gottfried: Der einzige Ausweg. In: Wind des Geistes. Hannover, 1994, S. 233.

2 Deile, Volkmar: Rechte bedingungslos verteidigen. Es bedarf keines Pflichtenkatalogs, um die Würde des Menschen zu schützen. Die Zeit, Nr. 48, 21. November 1997, S. 15.

3 Schmidt, Helmut: Allgemeine Erklärung der Menschenpflichten. In: Die Zeit, Nr. 41, 3.10.1997, S. 17/18.

4 Kälin, Walter: Menschenrechte in der kulturellen Vielfalt. In: Batzli, Stefan; Kissling, Fridolin; Zihlmann, Rudolf (Hrsg.): Menschenbilder – Menschenrechte. Islam und Okzident: Kulturen im Konflikt. Zürich, 1994, S.17–22.

5 Permissiv: antiautoritär.

6 Deile, Volkmar, a. a. O., S.15.

7 Schmidt, Helmut: It is Time to Talk about Responsibility. Rede an der Hansung University, Seoul, Korea, 17. Oktober 1999. S. 3 (Internetveröffentlichung: www.asiawide.or.jp/iac/speeches/schmidthansung.htm).

8 Von Purucker, Gottfried, a. a. O., S. 230.

9 Schmidt, Helmut, a. a. O., S. 17/18.

10 Knoblauch, Hermann: Welt im Wandel. Die technische und geistige Revolution unserer Zeit. In: Das Forum – Mensch, Natur, Zukunftswissenschaften. 14. Jg., 1997, Nr. 2, S. 4–22.

11 Siehe auch in diesem Band: Pusch, Marion: Theorie, Kalkül oder kosmisches Gesetz – was ist Ethik? S. 13.

11 Vgl. auch Beilage „Bündnis für Erziehung" in: Amtsblatt. Ministerium für Schule, Wissenschaft und Forschung. Teil 1: Schule. Düsseldorf, 15. Mai 2001, 53. Jahrgang/Nr. 5.

12 Von Purucker, Gottfried, a. a. O., S. 230.

13 Siehe auch in diesem Band: Bethge, Heidrun: Naturkatastrophen: Die Erde wehrt sich. S. 47.

14 Von Purucker, Gottfried, a. a. O., S. 229.

Die Natur ist eine Einheit, sie ist etwas Lebendiges, sie ist nicht irgendein totes Ding, mit dem wir ungestraft experimentieren können! Nein, die Natur lebt, sie ist von Leben erfüllt und durchdrungen.

Hermann Knoblauch

Naturkatastrophen: Wehrt sich die Erde?

Heidrun Bethge

Schreckensmeldungen über Naturkatastrophen nehmen rapide zu. Ist der derzeitige Zustand unseres Heimatplaneten Erde normal, oder hat das Auftreten von Erdbeben, Überschwemmungen usw. signifikant zugenommen? Gibt es Anzeichen für das Hereinbrechen noch weiterführender Umwälzungen in der Natur? Zahlreiche Völker haben in übereinstimmender Weise derartige gewaltige Naturkräfte in Mythen beschrieben – wiederholt sich die Menschheitsgeschichte? Steht die Erde an der Schwelle einer neuen sintflutartigen Katastrophe?

Das Erdbeben in Nordindien am 26. Januar 2001 ist weltweit noch in schmerzhafter Erinnerung. In nur wenigen Minuten entstand kaum vorstellbares Leid. Die Zahl der Toten wurde offiziell mit 14000 angegeben, geschätzt wurden jedoch mehr als 100000. Eine halbe Million Menschen wurden obdachlos. Dies ist nur eine von vielen Naturkatastrophen, die sich in der letzten Zeit ereignet haben. Auch die verheerenden Erdbeben von Kobe in Japan im Jahr 1995 und in der Türkei im Jahr 1999 schreckten die Welt auf. Erdbeben, Überschwemmungen, Dürren und andere Naturkatastrophen scheinen in den letzten Jahren an Zahl und Ausmaß erheblich zugenommen zu haben. Die Abstände zwischen den großen Naturkatastrophen scheinen zu schrumpfen. Ist dies nur ein subjektiver Eindruck, bedingt durch entsprechende Präsentation in den Medien? Was besagen genaue Messungen, die Aussagen über die Häufigkeit bestimmter Naturereignisse machen?

Die Münchner Rückversicherung ist als Risikoträger besonders von Umweltkatastrophen betroffen. Um das Risiko einer Katastrophe auch regional abschätzen zu können, erfasst sie weltweit Orkane, Erdbeben und Überschwemmungen. Sie stellte fest, dass sich die Zahl der Katastrophen seit den 60er Jahren verdreifacht hat. Die versicherten Schäden stiegen sogar um das 14fache[1]. Einen neuen absoluten Rekord erbrachte eine Analyse der Naturkatastrophen des Jahres 2000: Zwar lagen die Versicherungsschäden unter denen von 1999, da sich zahlreiche Naturkatastrophen in weniger dicht besiedelten Gebieten ereignet hatten, dennoch wurden weltweit mehr als 850 Katastrophen registriert – hundert mehr als im bisherigen Rekordjahr 1999 und zweihundert mehr als im Mittel der 90er Jahre.

Allein das im Jahr 2000 durch Naturkatastrophen verursachte menschliche Leid nicht meßbaren Ausmaßes und die hohen volkswirt-

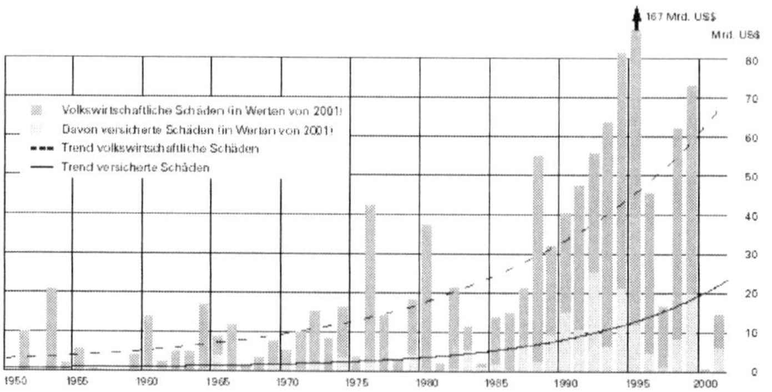

Bild 1: Volkswirtschaftliche/versicherte Schäden mit Trends. Das Diagramm gibt die volkswirtschaftlichen und versicherten Schäden – in Werten von 1999 – an. Die Trendkurven dokumentieren die Besorgnis erregende Zunahme der Katastrophenschäden an der Jahrhundertwende (Münchener Rück, E&F/Geo).[2]

Große Naturkatastrophen des Jahres 2001

Am 13. Januar kostete ein Erdbeben in El Salvador, das zahllose Erdrutsche ausgelöst hatte, insgesamt 845 Menschen das Leben. Das große Erdbeben von Gujarat am 26. Januar im Nordwesten Indiens forderte sogar deutlich über 14 000 Todesopfer.

Der tropische Sturm „Allison", der im Juni im Süden der USA wütete, war mit Gesamtschäden von 6 Mrd. US$ die teuerste Naturkatastrophe des Jahres. Taifun „Nari", der im September über Taiwan hinwegzog und große Schäden in der Hauptstadt Taipeh verursachte, schlug mit einem versicherten Schaden von 600 Mio. US$ zu Buche.

In Frankreich standen an der Somme wochenlang ganze Landstriche unter Wasser (April). Eisstaufluten verwüsteten in Sibirien zahlreiche Dörfer und Städte (Mai). Im Südosten Polens war nach tagelangen Regenfällen hauptsächlich die Landwirtschaft schwer betroffen (Juli). Sturzfluten rissen in Algerien Menschen und Autos mit sich und forderten über 700 Todesopfer (November).

Der Iran und einige Provinzen Chinas litten monatelang unter einer schweren Trockenperiode (jeweils März bis November); im Südosten Australiens wüteten zahlreiche Waldbrände, die gegen Ende des Jahres bis in die Außenbezirke Sydneys vordrangen.[2]

schaftlichen Schäden ergeben folgende erschreckende Bilanz: Die verheerendste Katastrophe waren die großflächigen Überschwemmungen in Mosambik. Eine halbe Million Menschen wurden durch sie obdachlos. Insgesamt fünf Millionen Menschen waren von den Fluten unmittelbar betroffen. Zugleich ereigneten sich in allen Teilen der Welt weitere schwere Überschwemmungen, die in die Katastrophengeschichte eingehen. Große Naturkatastrophen des Jahres 2001 sind in obigem Textkasten aufgeführt.

Das enorme Anwachsen der Naturgewalten in den letzten Jahren spiegelt sich auch in der gesonderten Betrachtung von Wind-

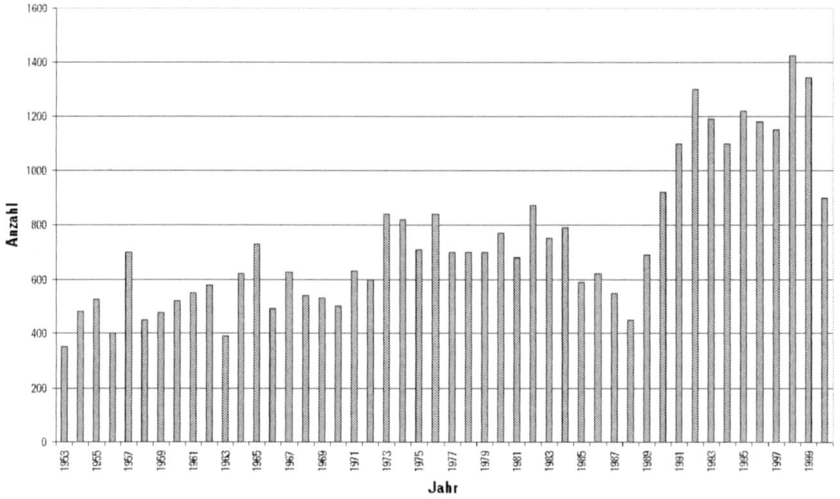

Bild 2: Anzahl Tornados pro Jahr in den USA[4]

geschwindigkeiten wider. Es ist eine deutliche Zunahme von Stürmen und Unwettern zu verzeichnen. In den letzten 20 Jahren ist die mittlere Windgeschwindigkeit in den Tropen um 20 % angestiegen. Dies ist auch in den gemäßigten Breiten zu spüren. So gab es an der deutschen Nordseeküste zwischen 1988 und 1993 18 schwere Sturmfluten, wogegen es in den 50er Jahren nur 8 waren.[3]

Auch die Zahl der Tornados hat zugenommen. In den USA wurden im Jahr 1998 1424 Tornados gezählt (s. Bild 2). 1953, im Jahr der ersten systematischen Erfassung, waren es nur 350. Dieser Anstieg kann nach Ansicht der US-Meteorologen nicht allein durch eine Verbesserung der Beobachtungssysteme erklärt werden.[4]

Die Statistik belegt: Naturkatastrophen haben in den letzten Jahren signifikant zugenommen. Und zwar sind nicht nur die wirtschaftlichen Schäden gestiegen, die durch sie verursacht wurden. Solche Schäden spiegeln zwar den Grad der menschlichen Betroffenheit wider, sagen aber aufgrund des starken Bevölkerungswachstums nichts über einen geänderten Zustand der Erde aus. Jedoch zeigen die Absolutzahlen der Naturkatastrophen, dass sich eine tatsächliche Änderung des Zustandes auf der Erde vollzieht. Wie weitreichend mögen diese Änderungen in der Zukunft sein? Wodurch werden sie verursacht? Bleibt die Erde ein Planet, auf dem das Leben lebenswert ist?

Zu einem globalen Problem sind mittlerweile Veränderungen des Weltklimas einschließlich der sich daraus abzeichnenden und teilweise schon eingetretenen Folgen geworden. Für die Klimavorhersage der näheren Zukunft werden verschiedenste Verfahren angewendet: Analysen von Messreihen über Zunahmen von Umweltverschmutzungen, mathematische Verfahren und Simulationen. Hieraus lassen sich wiederum Rückschlüsse auf unsere jetzige Klimaänderung ziehen. Seit Mitte des 19. Jahrhunderts ist die Temperatur auf der Erde um 0,6 bis 0,7 °C angestiegen, davon um 0,5 °C seit 1975. Die meisten Meteorologen sind sich dabei in Bezug auf die globale Erwärmung der Erde einig: „Die beobachtete Erwärmung wird zu einem großen Teil von uns Menschen verursacht", sagt der Direktor des Weltklimaforschungsprogramms der UNO, Prof. Hartmut Graßl.[5] Auch Prof. Dr. Klaus Hasselmann vom Max-Planck-Institut für Meteorologie in Hamburg kommt in einer Studie zu dem Ergebnis, dass die derzeitigen Temperaturtrends auf der Erdoberfläche mit einer Wahrscheinlichkeit von mehr als 95 % nicht durch natürliche Klimaschwankungen verursacht werden, sondern anthropogenen Ursprungs (d. h. vom Menschen verursacht) sind.[6] Weltweit führende Meteorologen gehen davon aus, dass in diesem Jahrhundert eine dramatische Temperaturerhöhung eintreten wird. Schätzungen der Klimatologen zufolge wird die mittlere Temperatur um 1,4 bis 5,8 °C steigen.

Bereits jetzt zeigt die globale Erwärmung starke Auswirkungen. Innerhalb von nur 20 Jahren sind seit 1980 6 % der arktischen Eisfläche verschwunden – ein Gebiet so groß wie Deutschland, Schweiz und Österreich zusammen. Dieser Schmelzprozess, bedingt durch die globale Erwärmung, ist auch andernorts zu beobachten: Das antarktische Eis schmolz seit 1978 ebenfalls um 6 %. In den Alpen ist ein verstärkter Gletscherrückgang zu beobachten. Damit einher geht ein Auftauen der dortigen Dauerfrostböden, so dass in den Alpen in den letzten Jahren vermehrt Erdrutsche entstanden sind. Bohrungen in der Nähe von Sankt Moritz haben ergeben, dass die Durchschnittstemperaturen im dortigen Untergrund in den letzten 15 Jahren um 0,5 bis 1 °C angestiegen sind.[7]

Das globale Abschmelzen des Eises kann, wenn es im gleichen Maße fortschreitet, weitere erhebliche Klimaänderungen auf der Erde bewirken. Es wären drastische Verschiebungen der Klima- und Vegetationszonen zu erwarten. So kann es zu einer Richtungsänderung des Golfstroms kommen, die wiederum massive Auswirkungen auf Europas Klima hätte und hier eine für die Vegetation dramatische Abkühlung auslösen könnte.[8] Tropenregionen wie z. B. der Amazonas-Regenwald könnten austrocknen, wohingegen es in jetzigen Wüsten, z. B. am Westhang der Anden, zu verstärkter Vegetation kommen könnte. Der Meeresspiegel würde bei weiterer globaler Erwärmung um einige Meter ansteigen und die flachen Küstenregionen z. B. der Niederlande oder auch von Bangladesh überfluten.[9]

Über die globale Erwärmung debattierten Staatslenker und Delegierte schon häufig: 1992 wurde auf dem UN-Umweltgipfel in Rio de Janeiro eine Rahmenkonvention verabschiedet mit dem Ziel, die Konzentration der Treibhausgase in der Atmosphäre, die für die Erwärmung verantwortlich gemacht werden, auf einem Niveau zu stabilisieren, auf dem eine gefährliche anthropogene Störung des Klimasystems verhindert wird. Weitere Gipfel folgten u. a. 1995 in Buenos Aires und 1997 in Kioto. Die sechste Weltklimakonferenz fand 2000 in Den Haag statt. Die Verhandlungen gerieten zu einer Farce, indem mehr über *Handel mit Emissionsrechten* diskutiert wurde als über wirkliche Möglichkeiten des Umweltschutzes. So bleibt zu fragen, wann die Menschheit endlich ihre Verantwortung für den Planeten erkennt, der ihr Leben ermöglicht.

Der Meteorologe Gerhard Berz äußert sich hierzu in einem Interview: „Wir führen mit unserem Klima ein Experiment durch, das völlig aus dem Ruder läuft. Wir müssen alles tun, um das zu bremsen – damit wir unseren Enkeln eine lebenswerte Welt hinterlassen. Wir tragen in den Industrieländern die volle Verantwortung für die bisherige Erwärmung. Und noch immer sind wir es, die 80 Prozent der Energie verbrauchen. Und wir haben – anders als die armen Länder – das Know-how und das Geld, uns vor den Folgen zu schützen. Da kann man nicht hingehen und sagen: ‚Wir reduzieren unseren Energieverbrauch erst, wenn die mitmachen.' Das ist unmoralisch."[10]

Prähistorische Umweltkatastrophen

Das Klima der Erde hat in deren Geschichte zahlreiche Veränderungen erfahren. Die Erde hat in den letzten 2 Millionen Jahren eine Reihe von Kalt- und Warmzeiten erlebt. Diese Änderungen sind z. B. im Eis der Arktis und Antarktis und in Tiefseesedimenten aufgespeichert, so dass sie auch nach großen Zeiträumen noch nachweisbar sind. Mit Eisbohrkernen, die aus dem Eis geborgen werden, wird die Klimageschichte der letzten Jahrtausende zu Tage gefördert. Verursacht durch die Kreiselbewegung der Erde, treten verschiedene sich überlagernde kürzere (23 000 Jahre) und längere (95 000 Jahre) Zyklen auf, die auf das Klima der Erde einen starken Einfluss haben. In diesen sogenannten Milankowic-Zyklen wird der Winkel der Sonneneinstrahlung auf die Erde durch die Relativbewegung der Erdachse zur Erdumlaufbahn periodisch geändert, so dass sich hierdurch Klimawechsel ergeben. Auch Schwankungen des Erdmagnetfeldes gehen einher mit Klimaänderungen der Erde. Aus Messungen an Lavagestein und Meeresboden-Sedimenten weiß man, dass sich das Erdmagnetfeld in den letzten 170 Millionen Jahren mehr als 300mal umgepolt hat.[11] Im Zusammenhang mit Umpolungen des Erdmagnetfeldes konnte durch geologische Messungen mehrfach belegt werden, dass damit eine Änderung der Höhe des Meeresspiegels um 10 bis 200 m einhergeht.[12] Damit sind natürlich erhebliche Klimaänderungen verbunden.

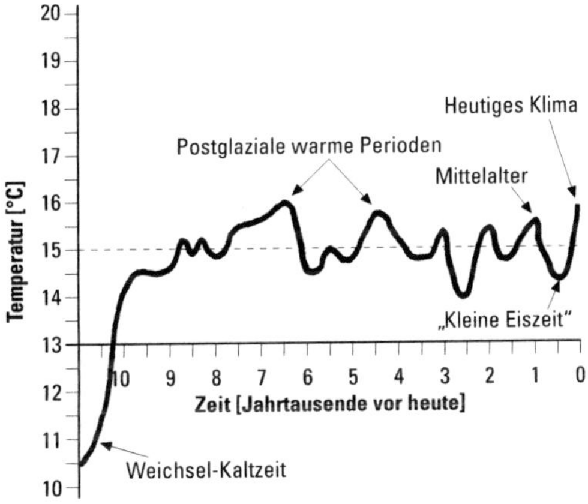

Bild 3: Temperaturschwankungen während der letzten 10 000 Jahre[13]

Umweltkatastrophen globalen und regionalen Ausmaßes haben in der Geschichte der Erde vielfach stattgefunden. Durch wissenschaftliche Forschungen weiß man z. B. von gewaltigen Meteoriteneinschlägen, die das Klima der Erde nachhaltig geändert haben. Gigantische Vulkanausbrüche wie die des Krakatau oder von Santorini führten zu einer Anreicherung der Erdatmosphäre mit Staubpartikeln, welche die Sonneneinstrahlung derart stark reflektierten, dass die Oberflächentemperatur der Erde in kurzer Zeit um einige Grad absank.

Im Jahr 1929 wurde durch archäologische Untersuchungen belegt, dass im Gebiet von Ur, einer der ältesten babylonischen Städte, große Überflutungen bewohnter Gebiete stattgefunden haben müssen. Bei Ausgrabungen wurde unter einer Schicht von Ruinen eine 3 ½ m hohe Schlammschicht gefunden, die durch eine große Überschwemmung entstanden sein muss. Unter dieser Schicht wiederum finden sich weitere Zivilisationsspuren, so dass bereits vor der Flut in diesem Gebiet Siedlungen vorhanden gewesen sein müssen. Es handelte sich zwar keineswegs um eine weltweite Flut, doch sie erstreckte sich über ein großes Gebiet zwischen Euphrat und Tigris.[14]

Bereits Platon berichtet in seinem Timaios von großen Katastrophen, die die Erde erschüttert haben: „Ihr seid alle jung an Geist, erwiderte der Priester, denn ihr tragt in ihm keine Anschauung, welche aus alter Überlieferung stammt, und keine mit der Zeit ergraute Kunde. Der Grund hiervon aber ist folgender. Es haben schon viele und vielerlei Vertilgungen der Menschen stattgefunden und werden auch fernerhin noch stattfinden, die umfänglichsten durch Feuer und Wasser, andere, geringere aber durch unzählige andere Ursachen. Denn was auch bei euch erzählt wird, daß einst Phaëton, der Sohn des Helios, den Wagen seines Vaters bestieg und, weil er es nicht verstand, auf dem Wege seines Vaters zu fahren, alles auf der Erde verbrannte und selber vom Blitze erschlagen ward, das klingt zwar wie eine Fabel, doch ist das Wahre daran die veränderte Bewegung der die Erde umkreisenden Himmelskörper und die Vernichtung von allem, was auf der Erde befindlich ist, durch vieles Feuer, welches nach dem Verlauf gewisser großer Zeiträume eintritt.

... Denn erstens erinnert ihr euch nur einer Überschwemmung der Erde, während doch so viele schon vorhergegangen sind, sodann aber wißt ihr nicht, daß das trefflichste und edelste Geschlecht unter den Menschen in eurem Lande gelebt hat, von denen du und alle Bürger eures jetzigen Staates herstammt, indem einst ein geringer Stamm von ihnen übrigblieb.

... Späterhin aber entstanden gewaltige Erdbeben und Überschwemmungen, und da versank während eines schlimmen Tages und einer schlimmen Nacht das ganze streitbare Geschlecht bei euch scharenweise unter die Erde, und ebenso verschwand die Insel Atlantis, indem sie im Meere unterging."[15]

Sintflut-Mythologien

Derartige oder ähnliche Naturphänomene scheinen zudem im Gedächtnis vieler Völker bewusst oder unbewusst verankert zu sein. So tradieren Mythen, Religionen, Sagen und Legenden auf ihre jeweils spezifische Art und Weise nicht nur diese Phänomene, sondern sie beschreiben auch deren Verlauf und versuchen, ihre Ursachen zu erklären. Besonders bekannt sind die Sintflut-Motive.

Bild 4: Sintflut, Fresko von Michelangelo, Sixtinische Kapelle.

Für die westliche Welt ist sicherlich die biblische Sintflut eine der populärsten Erzählungen dieser Art. „Der Herr sah, dass auf der Erde die Schlechtigkeit der Menschen zunahm und dass alles Sinnen und Trachten ihres Herzens immer nur böse war. ... Da sprach Gott zu Noah: ‚Ich sehe, das Ende aller Wesen aus Fleisch ist da; denn durch sie ist die Erde voller Gewalttat. ... Ich will nämlich die Flut über die Erde bringen, um alle Wesen aus Fleisch unter dem Himmel, alles, was Lebensgeist in sich hat, zu verderben. Mit dir aber schließe ich einen Bund.' ... Der Regen ergoss sich vierzig Tage und vierzig Nächte lang auf die Erde."[16] Noah soll in einer Arche überlebt haben, in die er von jeder Tierart ein Paar mitgenommen hatte.

Babylonien

Auf einer der ältesten babylonischen Tafeln findet sich eine ähnliche Schilderung: „Der Gott Elu oder Bel ruft eine Versammlung der Götter, seiner Söhne, zusammen und berichtet ihnen, dass er erbost über die Sünde der Welt sei." Und in fragmentarisch erhaltenen Sätzen fährt die Tafel fort: „Ich schuf sie. ... Über ihre Verdorbenheit bin ich erbost, ihre Strafe soll nicht klein sein. ... Lass die Nahrung zur Neige gehen, ferner lass Vul seinen Regen austrinken." Der Gott Ea kündigt seinen Entschluss an, die Menschen, die er erschaffen hat, zu vernichten, was er schließlich mit einer Sintflut erreicht.[17]

Griechenland

In der griechischen Sagenwelt taucht ebenfalls ein Sintflut-Motiv auf, das starke Ähnlichkeit mit der biblischen Version hat. Pyrrha, die Tochter von Epimetheus und Pandora, war die Gemahlin von Deukalion. Sie überlebte mit ihrem Gemahl als einzige eine Sintflut, mit der Zeus die Menschen strafte, da er über ihre Bosheit erzürnt war. Prometheus warnte Deukalion vor der bevorstehenden Flut. So baute dieser ein Schiff, mit dem er sich und Pyrrha rettete. Die Flut stieg bis zu den höchsten Berggipfeln, und nach neun Tagen landete das Schiff auf dem Parnass. Pyrrha und Deukalion erschufen ein neues gutes Menschengeschlecht, von dem die griechischen Hauptstämme abgingen.

In diesem Mythos und in den Berichten der Bibel und aus Babylonien ist von strafenden Göttern die Rede. Derartige Mythen lassen sich heutzutage besser verstehen als die Beschreibung von *Ausgleichsfunktionen in der Natur* statt der Strafe eines jähzornigen Gottes, der einen Massenmord an Mensch und Tier verübt. Die Kräfte, die in der Natur in der einen Richtung zu stark zum Ausschlag gebracht werden, müssen Gelegenheit zum Ausgleich finden.

Edda

In der nordischen Mythologie gibt es ebenfalls eine Sintfluterzählung. In der „neueren Edda", der Gylfaginning von Snorri Sturluson, einem berühmten isländischen Erzähler aus dem 12. Jahrhundert, wird Folgendes geschildert: „Börs Söhne töteten den Riesen Ymir, und als er fiel, da lief so viel Blut aus seinen Wunden, daß sie darin das ganze Geschlecht der Hrimthursen ertränkten bis auf einen, der mit den Seinen davon kam: den nennen die Riesen Bergelmir. Er bestieg mit seinem Weib ein Boot und rettete sich so, und von ihm kommt das neue Hrimthursengeschlecht."[18]

England

Auch in den keltischen Legenden findet sich eine Sintfluterzählung, die aus vorchristlicher Zeit stammt: Als der See Llion über die Ufer trat und ganz Britannien überschwemmte, wurden nur Dwyvan und Dwyvach gerettet. Sie entkamen in einem segellosen Schiff, das sie gebaut hatten. An Bord des Schiffes war von jeder Tierart ein Paar. Nach der Flut wurde durch sie Britannien wieder bevölkert.[19]

Indien

Im indischen Matsya-Purana findet sich eine noch ältere Sintflutlegende: Vaivasvata ist der Sohn des Sûrya (der Sonne). Von Vishnu erhielt er mit folgenden Worten die Anordnung zum Bau einer Arche, mit der er vor der Sintflut gerettet wurde: „Sieben Regenwolken werden die Zerstörung herbeiführen. Die aufgewühlten Ozeane werden zu einem einzigen Meer verschmelzen. Sie werden die gesamte dreifache

Welt in eine einzige riesige Wasserfläche umwandeln. Dann mußt du die Lebenssamen von überall hernehmen und sie in das Boot der Veden laden."[20] Daraufhin wurde er der Vorvater der jetzigen menschlichen Rasse.

Kern der Mythen

Diese hier erwähnten Sintflut-Mythen stellen nur eine Auswahl dar. Es existiert eine sehr große Zahl verschiedener Versionen dieser Überlieferung, die über die ganze Welt und kulturübergreifend verbreitet sind. Sie ist auch bei den Persern, den Chinesen und den nord- und südamerikanischen Indianern zu finden.[21] Der Kern dieser Erzählungen ist jedoch überall sehr ähnlich. Sie schildern eine Periode der ethischen Degeneration, die unter den Menschen eingesetzt hatte und die ihren Höhepunkt in dem Kataklysmus einer Sintflut findet. Dieser Kataklysmus wird von wenigen heldenhaften Menschen überlebt. Diese haben sich als würdig erwiesen und wurden deshalb von göttlichen Wesen geschützt. So können sie in einer Arche schadlos die große Flut überstehen und sind schließlich die Urväter einer besseren menschlichen Gesellschaft. Hier klingt die Hoffnung an, die diese Mythen beinhalten: Ein Neuanfang wurde gemacht, der in ein besseres Zeitalter führte.

Was können diese Mythen den Menschen des 21. Jahrhunderts sagen? Schildern sie nicht Ereignisse weit vergangener Zeiten, die mit unserem heutigen Leben gar nichts mehr zu tun zu haben scheinen? Außerdem sind sie so voller Allegorien, dass sie schwerlich als wortwörtlich zu nehmende Tatsachenschilderung verstanden werden können. Eine wirkliche Person Noah, die mit einem großen Boot voller Tiere eine Flut überstand, wird es so wohl nicht gegeben haben. Und doch ist anzunehmen, dass diese Geschichten einen wahren Kern enthalten, denn sonst ist es kaum erklärbar, wie sich ein und dasselbe Motiv in den Mythen der verschiedensten Völker und Kulturen in einer erstaunlich ähnlichen Weise wiederfindet. Warum sollten die Menschen aus aller Welt eine Geschichte über Jahrtausende überliefern, die keine Wahrheit in sich birgt?

Ausbeutung der Erde

Betrachtet man den heutigen Zustand unserer Erde, die in den letzten Jahren rapide zunehmenden Umweltkatastrophen und die durch den Menschen verursachte Zerstörung seiner Lebensgrundlage durch Abholzung der Regenwälder und Verschmutzung der Gewässer und der Luft, so erinnert dies durchaus an einen Zustand wie vor einer bevorstehenden Sintflut. Natürlich muss damit nicht zwangsläufig eine globale Überschwemmung eintreten, wie sie in den Mythen geschildert wird. Es ist vielmehr die Grundidee des fahrlässigen oder bewussten Handelns gegen die Natur, gegen das Zusammenarbeiten und Zusammenwirken aller Lebewesen auf diesem Globus, die heutzutage sehr stark verbreitet ist. Wären die in den Mythen erwähnten antiken Götter nicht erzürnt, wenn sie auf die Ausbeutung der Erde sehen würden? Die Erde wehrt sich gegen die ihr zugefügten Verletzungen, sie re-agiert auf die Handlungen des Menschen. Und fast jeder weiß, das die Menschheit über kurz oder lang in eine Katastrophe großen Ausmaßes hineinschlittert, wenn so weitergemacht wird wie bisher. Das Ozonloch und die globale Erwärmung sind hier nur Beispiele für das Damoklesschwert über den Köpfen der Bewohner unseres schönen Planeten.

Nun mag der Einzelne sicherlich sagen: „Was kann ich dafür? Ich bin nicht in der Machtposition, um an den globalen Umweltsünden irgendetwas ändern zu können. Ich bin kein Politiker. Mir gehört keine Fischfangflotte, die die Meere leerfischt. Und ich habe auch keine Verwandtschaft bei den Ölmultis. Ich werfe keine Bierdosen in den Wald. Ich habe mir extra einen FCKW-freien Kühlschrank gekauft. Na ja, natürlich brauche ich ein Auto. Ich muss ja irgendwie zur Arbeit kommen – meine Familie muss schließlich ernährt werden. Aber es ist ganz sparsam im Verbrauch. Und Fleisch esse ich nach den BSE-, Schweinepest- und Maul-und-Klauenseuche-Skandalen in der letzten Zeit nur noch wenig."

Natürlich würde kaum jemand von sich behaupten, ein Umweltsünder zu sein. Aber ist das Grundproblem tatsächlich das Essen von Fleisch oder das Fahren eines Autos? Das Grundproblem scheint vielmehr in der Art und Weise zu liegen, wie die Umwelt und damit auch unser Heimatplanet betrachtet wird.

- *Ist die Umwelt lediglich eine Ressource,* die ausgenutzt werden kann, solange ihre Vorräte reichen? Die Ölreserven der Erde reichen nur noch für eine begrenzte Zeit, dennoch wird unvermindert weiter gefördert. An den Bodenschätzen dieser Erde wird Raubbau betrieben.
- *Sind Tiere nur Dinge,* die nach Belieben auf viel zu engem Raum gehalten werden können; mit Antibiotika und Tiermehl vollgepumpt werden können, damit sie mehr Ertrag bringen; die zu Tausenden abgeschlachtet werden dürfen, wenn der Gesetzgeber dies vorschreibt?
- *Sind Pflanzen nur Mittel zu dem Zweck,* dem Menschen zu nützen? Es ist hinlänglich bekannt, dass die Regenwälder ein Teil der grünen Lunge der Erde sind und dass sie für eine ausreichende Sauerstoffproduktion in der Erdatmosphäre eine entscheidende Rolle spielen – dennoch werden die Regenwälder weiter abgeholzt.

Pflanzen, Tiere, die Gewässer, der Boden, die Luft und auch die Erde selbst werden in unserer industriellen Gesellschaft vorwiegend lediglich als Dinge, als Wirtschaftsgüter betrachtet, die nutzbringend eingesetzt werden – ohne Rücksicht auf die Natur und auf zukünftige Generationen. Heutzutage überwiegt der Grundgedanke: Was bringen die Ressourcen der Natur finanziell ein, welcher Profit kann herausgeschlagen werden, wie viele Arbeitsplätze können geschaffen werden? Andere Naturvorkommen, die augenscheinlich keinen Nutzen haben, werden zerstört, ausgerottet oder schlicht ignoriert. Dass viele der Pflanzen, die durch den intensiven Einsatz von Giftstoffen ausgerottet werden, wertvolle Heilpflanzen sein oder andere wichtige Funktionen in den ökologischen Kreisläufen haben könnten, wird hierbei nicht ausreichend bedacht. Dass die inzwischen fast nicht mehr vorhandenen Moore in Deutschland Lebensraum für zahlreiche Tier- und Pflanzenarten bieten, wurde beinahe zu spät erkannt.

Ein Umdenken ist notwendig

Ein Umdenken ist dringend erforderlich, wollen wir nicht unsere eigenen Lebensgrundlagen zerstören. „Denn verantwortungsvolles Handeln in langfristigen ökologischen Zusammenhängen hängt primär von einem verantwortungsbewussten, weitsichtigen ökologischen und ethisch orientierten, ganzheitlichen Denken ab. Veränderungen im Mensch-Natur-Verhältnis und im Umweltbewusstsein sind damit letztendlich an einen Paradigmenwechsel gebunden."[22]

Das Zitat aus der Genesis: „Macht euch die Erde untertan" wurde vielfach als Legitimation für die Ansicht missbraucht, dass der Mensch der Herrscher über die unter ihm stehenden Naturreiche sei, die ihm zu dienen haben. Doch inzwischen findet ein Umdenkprozess statt. Es wird immer mehr erkannt, dass die Natur nicht auf einseitiges Nehmen ohne Zurückgeben ausgerichtet ist. Die Natur arbeitet in unendlich verzahnten, ineinandergreifenden Kreisläufen, die sich in Jahrmillionen evolviert haben. Hier findet immer ein Geben *und* Nehmen statt. Kein Naturreich, kein Wesen kann für sich allein existieren. Kein Lebewesen kann nur nehmen, ohne eine Gegenleistung zu erbringen. So ist es auch beim Verhältnis zwischen Mensch und Natur, von der er nicht getrennt ist, denn auch er gehört zur Natur, ist ein wichtiger integraler Teil von ihr.[23]

Dies spiegelt auch den Unterschied zwischen Pflicht und Recht wider. Hat der Mensch uneingeschränkt das Recht, sich an der Natur zu bereichern, ohne Gegenleistungen zu erbringen? Seine Aufgabe und Pflicht ist es vielmehr, das Gleichgewicht in der Natur zu erhalten, um auch späteren Generationen die Lebensgrundlage zu sichern. Er muss sich als Teil des Netzwerks Natur verstehen und verhalten, sich zunächst einmal als Teil der Natur erkennen. Dies scheint ein Kernproblem zu sein, und hierbei kann wiederum jeder bei sich selbst ansetzen. Inwieweit aber erkennt sich der Einzelne als Teil der Erde? Und was ist überhaupt die Erde? Wie sieht das Bild aus, das wir von ihr haben?

Die Erde als Mutter

Für die Völker der Antike und auch für viele heutige Naturvölker gilt die Erde als ein lebendes Wesen. Sie wurde und wird vielfältig als Göttin verehrt. Der Erdgöttin im alten Indien und im frühgeschichtlichen Europa wurden Hymnen dargebracht, mit denen sie gepriesen wurde. Sie trug Namen wie Gaia, Terra Mater, Demeter, Kybele, Nerthus. Mutter Erde wird als lebendiger, beseelter Organismus betrachtet, der Leben spendet.

Dem großen altgriechischen Dichter der Ilias und der Odyssee, Homer, werden einige Götterhymnen zugeschrieben. Eine davon trägt die Überschrift „An die Allmutter Erde". Dort heißt es:

„Erde, du aller Mutter, du festgegründete, singen
Will ich von dir, uralte Ernährerin der Geschöpfe,
Die du ja alles, was im Meer und auf heiligem Boden,
Was in den Lüften lebt, ernährst mit quellendem Segen;
Du nur läßt sie gedeihen so reich an Kindern und Früchten.
Heilige Göttin, es steht bei dir, den sterblichen Menschen
Leben zu geben, zu nehmen. ..."[24]

Der Epikureer Lukrez sagte im Jahr 55 v. Chr. über die Erde: „Deshalb nennt man die Erde die große Mutter der Götter, Mutter des Wildes und zugleich auch die Schöpferin unseres Leibes."[25]

Die Indianerstämme Nordamerikas zeigen eine innige Verbindung mit der Natur und insbesondere der Erde auf. Sie betrachten Tiere, Pflanzen und Flüsse als ihre schützenswerten Brüder. Die Tahltan-Indianer aus Westkanada sagen über die Erde: „Die Erde lebt und ist dasselbe wie unsere Mutter. Denn bestünde die Erde nicht, gäbe es keine Menschen. Die Menschen sind ihre Kinder, und ebenso die Tiere. Sie achtet auf sie alle und versorgt sie mit Nahrung. Die Steine sind ihre Knochen und das Wasser ihre Milch."[26]

Die Vorstellung von der Erde als von einem lebenden Wesen ist aber auch in heutiger Zeit zu finden. Der Atmosphärenchemiker James Lovelock etwa stellte 1972 mit seiner Gaiahypothese eine neue wissenschaftliche Sicht in Bezug auf das Ökosystem Erde vor. Er sieht die Erde mitsamt ihrer Atmosphäre als einen lebenden Organismus an, der sich selbst reguliert und dessen oberstes Ziel die Erhaltung lebensfreundlicher Bedingungen ist. Die Komplexität und Überlebensfähigkeit des Organismus Erde sei erheblich größer als bislang angenommen.[27]

Vernetztheit des Lebens

Natürlich kann auch das System Erde mit allen es umfassenden Lebewesen nicht getrennt vom Rest der Natur betrachtet werden. Die Erde ist wiederum in Kreisläufe eingebunden, in ein Geben und Nehmen von Energie. Die Erde könnte ohne die Sonne nicht das Leben auf ihr entwickeln, wie es jetzt vorzufinden ist. Sie ist Teil des Sonnensystems, das wiederum Teil noch größerer Systeme ist. Galaxien setzen sich aus unzähligen Sternen mit ihren dazugehörigen Sonnensystemen zusammen. Galaxien wiederum sind Teil gigantischer Strukturen, zu denen z. B. die bekannte „Große Mauer" gehört, eine Anhäufung von zahllosen Galaxien, die astronomische Messinstrumente gerade noch erfassen können. Wird von ökologischen Kreisläufen gesprochen, sind meist die auf der Erde stattfindenden Kreisläufe gemeint. Jedoch ist Natur durch die beschriebenen weit über die Erde hinausgehenden ineinandergreifenden Systeme als viel umfassender anzusehen. Hier stellt sich die Frage: Gibt es irgendetwas, was nicht Natur ist?

Unter dem Begriff „Ökosystem" wird gewöhnlich eine funktionelle Einheit aus Organismen und Umwelt verstanden, die durch ein komplexes System des Nahrungs- und Energieaustauschs miteinander verbunden sind. Die Ökologie weiß jedoch, dass es keine in sich abgeschlossenen Ökosysteme in der Natur gibt. Auch die Ökosysteme selbst stehen wiederum im gegenseitigen Austausch. Der Begriff des Ökosystems wird aus diesem Grund vom Netzwerk für interdisziplinäre Ursachenforschung erweitert. Es sieht die gesamte Natur mit allen sie zusammensetzenden Organismen als ein gewaltiges Ökosystem, das wiederum in viele kleine Ökosysteme unterteilbar ist. Diese beinhalten wiederum noch kleinere Ökosysteme oder auch Organismen.

Der große Naturforscher Alexander von Humboldt hat im 19. Jahrhundert der Vernetzung der Natur besondere Beachtung geschenkt.

„Geleitet vom Gedanken der ‚Einheit der Natur', die er ‚als ein durch innere Kräfte bewegtes und belebtes Ganzes'[a] begriff, sah Humboldt ihre Phänomene als Netzwerk, als ‚eine allgemeine Verkettung nicht in einfach linearer Richtung, sondern in netzartig verschlungenem Gewebe'[b]. ‚Nichts steht für sich allein', schrieb er, ‚ein gemeinsames Band umschlingt die ganze organische Natur.'[c] Sogar den Moskitos, die ihn und seine Reisebegleiter auf den Urwaldflüssen quälten, sprach er ‚trotz ihrer Kleinheit in der heißen Zone eine bedeutende Rolle im Haushalt der Natur'[d] zu."[28]

Hier kommt ein Gedanke alter Philosophie zum Tragen, dass alles Leben miteinander vernetzt ist. Es wird nicht nur die Erde als lebendes Wesen geschildert, sondern vielmehr die gesamte Natur als ein gigantisches Netzwerk empfunden, von dem alle Lebewesen ein Teil sind. Auch „Mutter Erde" ist ein Teil dieses Netzwerks. Für uns ist sie lebensnotwendig und gerade deshalb so schützenswert. Doch ist dieses Netzwerk Natur viel umfassender, als es eine Geo-Ökologie darstellen könnte, denn es umfasst jeden Bereich des Lebens.

Dieser Gedanke wird auch von dem Stoiker und römischen Kaiser Marc Aurel insbesondere auf den Menschen bezogen und wie folgt dargestellt: „Was in dem einzelnen Organismus die Glieder des Leibes, das sind in dem Gesamt-Organismus die einzelnen vernunftbegabten Wesen. Auch sie sind zum Zusammenwirken geschaffen. Sagst Du Dir nur recht oft: Du seiest ein Glied in dem großen System der Geister, so kann ein solcher Gedanke nicht anders als Dich aufs tiefste berühren."[29]

Der Gründer des Netzwerks für interdisziplinäre Ursachenforschung, der Ingenieur Hermann Knoblauch, fasst den Gedanken der Verbundenheit der Natur noch erheblich weiter. Für ihn gibt es in der Natur nichts Totes. Die Lebendigkeit der Natur und der gegenseitige Austausch führt zu einem lebendigen Netzwerk, einer Allverbundenheit: „Die Natur ist eine Einheit, sie ist etwas Lebendiges, sie ist nicht irgendein totes Ding, mit dem wir ungestraft experimentieren können! Nein, die Natur lebt, sie ist von Leben erfüllt und durchdrungen. Die Annahme toter Materie ist einer der folgenschwersten Irrtümer heutiger Wissenschaft. Es gibt nichts Totes, denn alles im gesamten Universum ist voller Leben und von diesem Leben erfüllt."[30]

Neu belebt wurde die Idee der universalen Vernetztheit von Seiten der Naturwissenschaft durch die Quantentheorie. Für den Physiker sind Atome keine festen, starren Gebilde, sondern vielmehr Schwingungsmuster aus Energie. Jede Materie hat untrennbar mit ihr verbunden Welleneigenschaften, wohingegen jede Welle genauso Materieeigenschaften aufweist. Physiker sprechen auch von Materiewellen. Diese Wellen sind quasi unendlich ausgedehnt. Die Wellen wirken aufeinander ein, so dass jede Welle alle anderen Wellen mehr oder weniger stark beeinflusst. Individuelle Wellen wirken zusammen, um ein gemeinsames großes Ganzes zu bilden. Durch die Vereinigung der vielen Einzelwellen bildet sich eine neue Wellenfunktion, die mehr und andere Eigenschaften aufweist als die Eigenschaften der aufsummierten Einzelwellen. Dieses Ganze ist in der Quantentheorie mehr, als die Summe seiner Teile darstellen könnte. Da nach der Quantentheorie alle Materie an diesem Ganzen teilhat, wirkt somit alles auf alles andere ein.

Die ethische Konsequenz aus dieser Naturtatsache liegt auf der Hand: Wenn an dem großen universalen Netz der Verbundenheit allen Seins an einer Ecke heftig gerüttelt wird, bewegt sich das ganze Netz. Jedes noch so kleine Teilchen dieses Netzes wird den Impuls spüren, und sei er auch nur minimal. Die Einwirkung an einem Ende des Netzwerks wird letztlich auf den Impulsgeber zurückfallen, da er die Rückwirkung seines Handelns, welches das natürliche Zusammenspiel gestört hat, zu spüren bekommt. Wie könnte es ein für sich und von allem anderen getrennt existierendes Wesen geben? Vielmehr ist jedes auf den Austausch mit der gesamten Natur angewiesen.

Gerade der blaue Planet ist für uns Erdenbewohner ein lebenswichtiger Knotenpunkt im Netzwerk Natur. Wir können ohne die Erde nicht existieren. Aber auch die Erde benötigt die Kooperation des Menschen, der sie in verantwortungsbewusster Weise behandeln sollte. Bezogen auf die Erde ist es daher kein Wunder, wenn sie sich in Form von Naturkatastrophen wehrt. Raubbau an den Bodenschätzen, Vergiftung des Wassers und der Luft, Abholzung der Regenwälder waren Ursachen, die durch die Menschheit gelegt wurden und in immer stärkerem Maße weiter gelegt werden. Wen wundert es, dass das ökologische Gleichgewicht durch die einseitige egoistische Belastung der Beziehung von Mensch und Erde durcheinandergeraten ist? Keine zwischenmenschliche Beziehung verträgt langfristig das einseitige Einfordern von Rechten, ohne etwas dafür zu geben. Wie sollte es dann die gebeutelte Erde auf Dauer können? Das Beziehungsgeflecht zwischen den verschiedensten ökologischen Kreisläufen in der Natur wird durch Raubbau an den Ressourcen durcheinandergebracht. Der unverantwortliche Umgang mit der Natur richtet nicht wieder gutzumachenden Schaden an, indem der allgemeine Kreislauf erheblich gestört wird. Die Auswirkungen werden uns durch die gerade in den letzten Jahren verstärkt hereinbrechenden Naturkatastrophen in erschreckender Weise verdeutlicht. Es liegt an uns, eine Kehrtwende einzuleiten hin zu einem verantwortungsvollen Leben mit der Natur, nicht gegen sie. Dies muss bald geschehen, damit die natürlichen Kreisläufe nicht noch völlig aus dem Gleichgewicht gebracht werden, sondern die Erde lebenswert bleibt. Gottfried von Purucker schreibt hierzu:

„Es wird von der inneren Weisheit und dem Sinn für ... Pflichterfüllung abhängen, die den Menschen in Herz und Gemüt innewohnen, ob unsere gegenwärtige Zivilisation in Blut und Verzweiflung untergehen wird oder ob sie Atem schöpft und Zeit gewinnt, um sich selbst zu regenerieren, d. h., ob sie mit dem Heraufdämmern eines neuen intellektuellen und moralischen Erkenntnisvermögens von *Pflicht* und Vernunft den Absturz aufhalten und beginnen kann, sich zu neuen Höhen zu erheben, die das Edelste übertreffen, was wir bis jetzt ... erlangt haben. Letzteres kann geschehen, und es sind allein die höhere Natur des Menschen sowie seine Intuitionen und Instinkte für Recht, Vernunft und Menschenpflicht, die dieses sicher herbeiführen werden: der eingeborene Sinn des Menschen für Gerechtigkeit und die allgemeine Erkenntnis, dass Vernunft sowie die Ausübung der Menschen*pflichten,* nicht aber das Pochen auf Rechte sowie Gewalt der Ausweg ist; der Weg, der aufwärts zu Sicherheit, zu Frieden und zu Fortschritt führt, ist, in Harmonie mit der gesamten Natur zu denken und zu leben!“[31]

Die Verantwortung der Wissenschaft

Gerade die Wissenschaft trägt eine hohe Verantwortung für ein Einlenken in einen veränderten Umgang mit der Natur. Die Ganzheit der Natur ist nur von einem übergeordneten Gesichtspunkt aus wahrnehmbar. Ein immer stärkeres Verzetteln in wissenschaftlichen Detailfragen führt von einer solchen Wahrnehmung der Natur aus der Vogelperspektive fort. Dies scheint jedoch der gegenwärtige Trend zu sein: Immer mehr Veröffentlichungen in Fachzeitschriften werden jährlich produziert zu immer spezielleren Details. Diese Details werden jedoch nur unzureichend miteinander verbunden. Goethe drückt dies in seinem Faust folgendermaßen aus:

„Wer will was Lebendiges erkennen und beschreiben,
Sucht erst den Geist heraus zu treiben,
Dann hat er die Teile in seiner Hand,
Fehlt, leider! nur das geistige Band."[32]

Das Zusammenspiel der verschiedensten Bereiche der Natur muss viel stärker erforscht werden, damit die Natur wieder als Einheit gesehen wird, aus der man nicht schadlos Stücke herausschneiden kann, ohne das Gesamte zu beeinflussen. Große Teile der universitären Forschung beschränken sich, um einen Vergleich zu wählen, darauf, ein Gemälde zu analysieren, indem von jedem Tupfer die chemische Zusammensetzung der Farbe bestimmt wird. Was auf dem Bild dargestellt ist, erscheint dabei wenig relevant, da wenig „harte Fakten" für Artikel in Fachzeitschriften gesammelt werden können. Bei einem derartigen Ansatz wird allerdings das Wesentliche, die Charakteristik des Bildes übersehen.

Vernetztes Denken ist erforderlich. Interdisziplinäres, fächerübergreifendes Arbeiten ist zwar auf dem Vormarsch, jedoch wurde sein eigentlicher Stellenwert bislang nur unzureichend erkannt. Fächerübergreifende naturwissenschaftliche Forschung, die auch die Geisteswissenschaften, insbesondere die Philosophie, befragt, wird die Natur aus einer neuen Richtung betrachten. Das Umgekehrte gilt natürlich auch für die Geisteswissenschaften. Die Natur ist eine Einheit! So kann erst die Zusammenführung der verschiedensten Naturansichten der einzelnen Wissenschaftsbereiche ein vollständigeres Bild der Natur abgeben. Und ein solches vollständigeres Bild ist dringend erforderlich, um der heutigen Umweltmisere wirksam begegnen zu können. Dabei reicht es nicht aus, wenn sich Meteorologen mit Physikern treffen, um Ursachen für die Zunahme von Stürmen herauszufinden. Das ist sicherlich sehr wichtig und kann hervorragende Resultate hervorbringen. Doch geht es nicht an den eigentlichen Kern des Problems heran: Die Natur muss als ein gewaltiger Organismus erkannt werden. Nur so ist es möglich, nachhaltige Änderungen am Verhältnis zwischen Mensch und Natur einzuleiten, die das Gleichgewicht der Kräfte wiederherstellen können.

Eine in allen Bereichen vernetzte Natur reagiert ganz empfindlich auf Handlungen, die das Gleichgewicht der Kreisläufe stören, so dass durch Rückkopplungen der Handelnde dem Resultat seiner eigenen Taten gegenübersteht. Die aus dem Gleichgewicht geratenen Naturkräfte sind ein Spiegelbild der vom Menschen verursachten Disharmonie, die Leid und Elend über die Natur bringen. Es ist an der Zeit, das Prinzip von Ursache und Wirkung in Handlungsmaßstäbe einzubeziehen und definitiv zu ergründen, wo menschliches und wissenschaftliches Denken und Handeln mitverantwortlich sind für die aus dem Gleichgewicht geratenen Naturkräfte.

---

1 „Master of Desaster". Focus, 43/1998, S. 225.

2 Pressemitteilung der Münchener Rück vom 13. März 2002, www.munichre.com

3 Jakob, Klaus: Entfesselte Gewalten. Basel, 1995.

4 Storm Prediction Center in den USA, www.spc.noaa.gov/archive/tornadoes

5 Gleich, Michael: Keine Experimente mit dem Klima. In: Focus, 2/1997, S. 89.

6 Tagung: Das Klima des 21. Jahrhunderts. Hamburg, 22.–24.9.1998.

7 Elicki, Olaf. Deutschlandfunk, 10. 1. 2001.

8 Rahmstorf, Stefan: Die Welt fährt Achterbahn. Süddeutsche Zeitung, 3./4. Juli 1999.

9 Sterr, Horst: Künftiger Meeresspiegelanstieg und Küstengefährdung. Vortrag auf der Tagung: Das Klima des 21. Jahrhunderts. Hamburg, 22.–24. 9. 1998.

10 Tügel, Hanne: Den Enkeln eine lebenswerte Welt hinterlassen! Geo, Juli 2001, S. 133.

11 Valet, J. P.; Lai, C. ; Tucholka, P.: High Resolution sedimentary record of geomagnetic reversals. Nature, vol. 322, 1986, S. 27.

12 Keppler, Erhard: Die unruhige Erde. Hamburg, 1998, S. 48.

13 Wefer, Gerold: Marine Sedimente: Speicher vergangener Klimate. Vortrag auf der Tagung: Das Klima des 21. Jahrhunderts. Hamburg, 22.–24.9.1998.

14 Balandin, Rudolf: Naturkatastrophen: der Pulsschlag der Naturgewalten. Frankfurt, 1984.

15 Platon: Timaios. Übersetzung von Friedrich Schleiermacher. Kapitel 3, 22 b–d; 23 b; 25 d.

16 1. Mose, 6, 5 – 7,12. Die Bibel, Einheitsübersetzung. Stuttgart, 1980.

17 Smith, George: The Chaldean Account of Genesis. Containing the Description of the Creation, the Fall of Man, the Deluge, the Tower of Babel, the Time of Patriarchs, and Nimrod, Babylonian Tables, and Legends of the Gods. From the Cuneiform Inscriptions. London, 1876.

18 Sturluson, Snorri: Prosa-Edda. Altisländische Göttergeschichten. Stuttgart, 1990.

19 Davies, Edward: Celtic Researches. London, 1804.

20 Matsya Purana, 2, 8–10.

21 Freksa, Martin: Das verlorene Atlantis. Tübingen, 1999.

22 Pusch, Marion: Revision des Mensch-Natur-Verhältnisses. Ethische und ganzheitliche Ansätze für die universitäre Lehre. München, 1997, S. 54.

23 Siehe auch: Donta, Antonia: Naturschutz beginnt im Denken. Was ist Leben? In: Vernetzt denken – die Zukunft gestalten! Hannover, 2000, S. 65–90.

24 Die Homerischen Götterhymnen, Deutsch von Thassilo von Scheffer. Basel, 1984, S. 140 f.

25 Lukrez: Über die Natur der Dinge. Aus dem Lateinischen übersetzt von Hermann Diels. Berlin, 1957, S. 78.

26 Zitiert in: Ehmer, Manfred Kurt: Göttin Erde. Kult und Mythos der Mutter Erde. Berlin, 1994, S. 19.

27 Lovelock, James: GAIA: Die Erde ist ein Lebewesen. München, 1996.

28 Holl, Frank; Reschke, Kai: Alles ist Wechselwirkung – Alexander von Humboldt. Humboldt-Ausstellung, Berlin, 1999. Zitate: a) Humboldt, Alexander von: Kosmos. Entwurf einer physischen Weltbeschreibung. 1845. Zit. n. der Humboldt-Studienausgabe, Bd. 7. Hanno Beck (Hg.): Darmstadt, 1993, Teilbd.1, S. 7. b) Ebenda, S.37. c) Humboldt, Alexander von: Relation historique. 1814–1831. Zitiert nach der deutschen Ausgabe: Humboldt, Alexander von: Reise in die Äquinoktial-Gegenden des Neuen Kontinents. Ottmar Ette (Hg.). Bd. 1, Frankfurt, 1991, S. 680. d) Ebenda, Bd. 2, S. 933.

29 Mark Aurel: Meditationen. Aus dem Griechischen von F. C. Schneider. Breslau, ^{3}1875, S. 88.

30 Knoblauch, Hermann: In Harmonie mit dem Unendlichen. In: Das Forum, 2/1996. Hannover, S. 13.

31 Von Purucker, Gottfried: Wind des Geistes. Hannover, 1994, S. 226 f.

32 Von Goethe, Johann Wolfgang: Faust I. Stuttgart, 1971, S. 56.

Erst im Dialog zwischen Natur- und Geisteswissenschaften können wir zu einer ganzheitlichen, fächerverbindenden Sichtweise gelangen, die dann zu einer Synthese der Wissenschaften führen wird.
Hermann Knoblauch[1]

Interdisziplinarität: Wege zu einem ganzheitlichen Verständnis von Mensch und Natur

Catherine Atkinson

Ist Interdisziplinarität ein schwieriges Unterfangen? Keinesfalls, wenn sich der Blick dafür öffnet, dass in jedem Menschen ohnehin interdisziplinäre Sichtweisen angelegt sind. So vielfältig wie die Welt sind auch die Interessen und Neigungen des Menschen. Sobald wir unsere eigene ganzheitliche Natur verstehen, gleicht der Weg zum interdisziplinären Denken der Wiederentdeckung vergessener Fähigkeiten. Er bedeutet, Gedankenformen zu zerbrechen und neue Gedanken und Widersprüche zuzulassen. Das Blickfeld weitet sich und zeigt tieferliegende Ursachen und Konsequenzen unseres Denkens und Tuns.

1. Warum Interdisziplinarität?

„Qualität statt Quantität" lautet die Devise

Das Wissen der Welt, so lauten Prognosen, verdoppelt sich zur Zeit alle 15 Jahre. Weiter heißt es, um ein aktuelles Beispiel zu nennen:

Die vor kurzem bekanntgegebenen Ergebnisse aus der Entschlüsselung des Humangenoms stellen erst den Anfang einer Wissensexplosion auf dem Gebiet der Gentechnik dar.

So erfreulich sich der Erkenntnisgewinn einerseits anhört, ist er anderseits nicht nur eine Schreckensmeldung für Universitätsbibliotheken, die sich auf eine stetig wachsende Lawine des Informations- und Erkenntniszuwachses vorbereiten müssen. Auch Studierende und Forschende sind mit dem Problem des Umgangs mit derartigen Mengen an Wissen konfrontiert – spätestens dann, wenn es darum geht, eine Diplom-, Magister- oder Doktorarbeit mit einem Anteil an selbständiger und origineller wissenschaftlicher Forschung zu verfassen. Der Weg dahin ist vielen vertraut. Der Untersuchungsgegenstand wird immer weiter eingegrenzt, bis er auf ein überschaubares Maß mit einer sehr speziellen Fragestellung reduziert worden ist. Am Ende steht ein Produkt des Fachmanns auf einem Spezialgebiet, das allenfalls Fachleute auf demselben Gebiet verstehen können.

Wie ist nun – vor diesem Hintergrund – der Ruf nach Interdisziplinarität, nach der Vernetzung von unterschiedlichen Wissensgebieten zu verstehen? Von der Quantität her betrachtet, ist das Wissen in den einzelnen Teilgebieten kaum zu bewältigen. Wer kann es sich leisten, womöglich in mehreren ganz unterschiedlichen Fachbereichen zurechtzukommen und sich auf einem einigermaßen seriösen Niveau zu bewegen? Im Folgenden wird gezeigt, dass es nicht so sehr eine Frage der Quantität ist, obwohl das Problem durchaus nicht zu verkennen ist. Vielmehr geht es zum einen darum, auf welche Art und Weise mit dem Wissen umgegangen wird, und zum anderen darum, Ressourcen und Fähigkeiten zu mobilisieren, die jeder bereits besitzt und die ihm bei der Wissensvernetzung und im interdisziplinären Dialog hilfreich sein können.

Denn im Grunde ist interdisziplinäres Denken und Arbeiten im Menschen angelegt. Von der Anlage her enthält der Mensch eine Vielzahl von Fähigkeiten, die er durch Bildung und Erfahrung entwickeln kann. Das Vermögen, fremde Sprachen zu lernen oder Dinge gestalthaft und ganzheitlich wahrzunehmen, sowie unsere Intuition und Phantasie befähigen uns dazu, uns fremde Denkweisen anzueignen und vielschichtige Betrachtungen anzustellen. Hierdurch sind wir in der Lage, uns komplexe Handlungsalternativen mit ihren Folgen auszumalen. Eine stark spezialisierte Fachbildung erreicht aber oft das Gegenteil: Unsere interdisziplinären Kompetenzen werden durch eine Einengung der Sichtweise und die Ausbildung eines spezifischen Denkstils eher verschüttet als hervorgebracht und müssen später wieder mühsam befreit werden. Daher sollte interdisziplinäres Denken früh genug gefördert werden, denn: „Wer nicht interdisziplinär *gelernt* hat, kann auch nicht interdisziplinär *forschen*."[2]

Interdisziplinarität in Studium und Forschung

Was spricht für ein interdisziplinär ausgerichtetes Studium? Es vermittelt Erfahrungen mit fremden Denkstilen und Mentalitäten sowie Einblicke in andere Wissenschaftszweige und Kulturen. Daraus erwächst die Möglichkeit, die hierdurch gewonnenen Einsichten mit Erkenntnissen aus dem eigenen Wissensbereich zu verbinden – und zu unerwarteten, neuen Ergebnissen zu gelangen. Es hilft ferner, Grenzen – Barrieren im Denken, im eigenen Kopf – zu erkennen und das eigene Reflexionspotenzial zu erhöhen. Durch den interdisziplinären Blick wird das erlernte fachspezifische Wissen in einem umfassenderen, ganzheitlichen Zusammenhang gesehen, so dass komplexere Ursachen und Folgen des Wissens und der Technik erkennbar werden. Letzteres ist wiederum für die Nachhaltigkeit wichtig, denn der nachhaltige Umgang mit Fähigkeiten und Ressourcen ist nur auf der Basis einer interdisziplinären Ursachenforschung umsetzbar. Und nicht zuletzt bedeutet die Interdisziplinarität eine Schulung der sogenannten „soft skills" wie Kreativität, interkulturelle Kompetenz und fächerverbindende Kommunikationsfähigkeit.

Wie dringend notwendig eine interdisziplinäre Betrachtungsweise ist, erweitert um ethisches Empfinden und Handeln, wird in der aktuellen fachüberschreitenden Diskussion um Risiken und Chancen der Gentechnik und der Präimplantationsdiagnostik deutlich vor Augen geführt. Angesichts derart komplexer und existenzieller Fragen bezüglich der Definition von Menschenwürde oder des Anfangs menschlichen Lebens wächst der Eindruck, dass wir dabei sind, ethisches Neuland zu betreten. Doch dies zeigt nur, wie sehr die gegenwärtigen Wissenschaften bislang in dieser Hinsicht versagt haben, denn sie liefern Grundlagenwissen für weitreichende Entscheidungen – Entscheidungen, die die Gesellschaft verändern werden –, ohne die gesellschaftspolitischen, ethischen und philosophischen Dimensionen ihrer Handlungsempfehlungen tiefergehend oder auch nur annähernd ausgeleuchtet zu haben. Das Fazit lautet: Die Beantwortung prinzipieller Fragen auf nachhaltige und humanitäre Art verlangt nach einer interdisziplinär und ganzheitlich ausgerichteten Gesprächskultur – einer Gesprächskultur, die nicht erst in Expertengremien, sondern bereits während des Studiums entwickelt werden sollte, in den Seminarräumen und den Hörsälen der Fachhochschulen und Universitäten.

2. Worin besteht interdisziplinäre Zusammenarbeit?

Meinungen darüber, was Interdisziplinarität beinhaltet und wie interdisziplinäre Zusammenarbeit zu erreichen ist, gehen jedoch weit auseinander. Sie reichen vom einfachen Modell des Dialogs zwischen Vertretern von Nachbardisziplinen (wie er vielerorts bereits praktiziert wird) und unterschiedlichen Fachbereichen bis hin zum Ideal einer Wiederherstellung der Einheit der Wissenschaften, wie unterschiedlich diese auch verstanden werden mag.

Es herrscht Konsens darüber, dass eine interdisziplinäre Herangehensweise an Prozesse und Probleme eine Gegentendenz zur fortschreitenden Wissensfragmentierung und zum einseitigen Spezialistentum bildet. Dennoch befriedigt es nicht, Interdisziplinarität als „Reparaturformel“ für erkenntnisbegrenzende Disziplinarität und als Kompensation für Wissensatomisierung zu sehen.[3] Interdisziplinarität muss mehr sein.

Wie Interdisziplinarität umfassender verstanden werden kann, wurde in der eingangs erwähnten These angedeutet: Die nötigen Kompetenzen für interdisziplinäres Denken und Handeln tragen wir in uns. Diese Kompetenzen können wir auch im Alltag erlernen und einüben.

Zuerst einmal müssen wir es aber *wollen*. Es muss das Verlangen vorhanden sein, die Dinge – die Natur, die menschliche Natur, das gesellschaftliche Wirken – in ihrer Komplexität und Gesamtheit zu verstehen. Wünschenswert ist ferner, dass der Einzelne in seinem Bestreben nicht allein dasteht, sondern gemeinsam mit anderen Nachdenkenden im Dialog dem Ziel näher kommen kann.

Ein Modellbeispiel dafür, wie sich diese Anforderungen umsetzen lassen, ist die interdisziplinär ausgerichtete Forschungseinrichtung „Netzwerk für interdisziplinäre Ursachenforschung". Mit dieser Gründung leistete der hannoversche Ingenieur Hermann Knoblauch Pionierarbeit, denn er erkannte zu einer Zeit, als die Wissenschaft und Wirtschaft noch auf Spezialistentum setzten, dass nur die interdisziplinäre Zusammenarbeit die Probleme unserer Zeit nachhaltig lösen könnte.[4] Sein langjähriges Wirken auf dieses Ziel hin führte schließlich zur Gründung des Netzwerks und wenige Jahre später, im Jahre 1998, zur Gründung der Hermann-Knoblauch-Akademie – Mensch · Natur · Zukunftswissenschaften, beide in Hannover. Hier arbeiten Wissenschaftler aus rund 20 Disziplinen gemeinschaftlich in einem Forschungsprogramm und erforschen solch unterschiedliche Themen wie das „Prinzip Leben" in der Natur, die Vereinbarkeit von Ethik und Wirtschaft und interkulturelle Kommunikation.

Fünf Kernsätze der interdisziplinären Zusammenarbeit

Im Netzwerk für interdisziplinäre Ursachenforschung wurden unter Anleitung seines Gründers Hermann Knoblauch die folgenden Kernsätze interdisziplinären Zusammenarbeitens herausgearbeitet. Sie sagen aus, dass Interdisziplinarität weit mehr ist als nur ein Gegengewicht zum Spezialistentum.[5]

Prinzipien statt Details

Interdisziplinäres Arbeiten stellt prinzipielles Wissen in den Vordergrund. Für die Synthese unterschiedlicher wissenschaftlicher Ansätze ist das Wissen um Prinzipien und prinzipielle Vorgänge wichtiger als Detailkenntnisse. Dazu gehört sowohl das Erforschen prinzipieller Strukturen und Gesetzmäßigkeiten in der Natur als auch das Aufzeigen von Querverbindungen zwischen verschiedenen Denkmöglichkeiten,[6] Wissenszweigen, Kulturen und Epochen. Prinzipien-Kenntnisse sind die Voraussetzung für ein Einordnen von Detailkenntnissen.

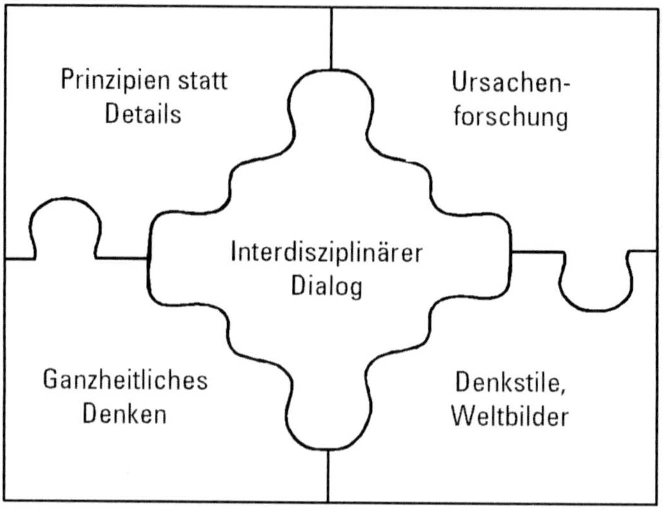

Bild 1: Fünf Kernsätze der interdisziplinären Zusammenarbeit

Ursachenforschung

Im interdisziplinären Kontext nach Ursachen zu forschen bedeutet, auch *metaphysische* und *philosophische* Dimensionen und Denkansätze in die Fragestellungen einzubeziehen. Diese Forderung richtet sich an Geistes- wie an Naturwissenschaften. Ein Forschen, das ein Fragen nach geistigen Prinzipien und Wirkungsweisen beinhaltet, kann folglich nicht rein empirisch ausgerichtet werden. Oder mit den Worten von Hermann Knoblauch formuliert: „Die Wissenschaft der Zukunft muss wieder philosophischer werden, wenn sie die Grenzen eines materialistischen Denkens endgültig überwinden will."

Ansätze in dieser Richtung gibt es bereits seit längerem, beispielsweise auf dem Gebiet der Quantenphysik, die den Erklärungsrahmen des klassischen mechanistischen Weltbildes der Physik überschritten hat. Der weitere Weg zu einer ursachen-orientierten Wissenschaft, die ein philosophisches Fragen umfasst, ist allerdings kein einfacher. Viele vermeintlich abgesicherte Erkenntnisse und Lehrmeinungen werden von Grund auf überprüft werden müssen. Gegebenenfalls müssen auch eigene, zu Dogmen gewordene Annahmen überwunden werden.

Ganzheitlich denken

Interdisziplinär zu arbeiten bedeutet, den Menschen vom Wesen her als ganzheitlich in seinen Fähigkeiten und als ganzheitlich Denkenden zu begreifen. Dies bedeutet zum einen, die eigenen Fähigkeiten – z. B. neben dem Intellekt auch die Intuition und die ethisch orientierte Wertempfindung – weiterzuentwickeln und stärker einzubeziehen. Zudem beinhaltet eine ganzheitliche Denkweise, dass Funktionen und Gestalten der Einzelteile in einem übergeordneten Zusammenhang betrachtet werden, und das Verhältnis der Teile bzw. der Teilerkenntnisse zum Ganzen untersucht wird. Beziehungsstrukturen zu erkennen bedeutet zugleich, sich um Einsicht in ursächliche Zusammenhänge zu bemühen, also ursachen-orientiert zu denken, sich mit Ursachen zu beschäftigen.

Denkstile und Weltbilder

Es gilt, die Grundannahmen innerhalb einer Disziplin und den jeweiligen fachspezifischen „Denkstil", den Forschende notwendigerweise entwickeln, zu erkennen und zu erweitern, bis zu einem gewissen Grade auch zu überwinden, um zu einer ganzheitlichen Betrachtungsweise zu gelangen. Umfassender gesehen, stellen menschliche Gesellschaften auch Wissenssysteme dar, verkörpern Weltbilder und Glaubenssysteme; ihre Mitglieder nehmen natürlicherweise eine ethnozentrische Sichtweise ein. Auch diese fundamentalen Denkstrukturen im eigenen Denken sollten, so schwierig es auch sein mag, erkannt und berücksichtigt werden.[7] Hierbei hilft der interkulturelle Dialog, der Kulturen aufeinander bezieht.

Interdisziplinärer Dialog

Für die Entwicklung von Interdisziplinarität ist der kontinuierliche **Dialog** zwischen Vertretern verschiedener Denkrichtungen unentbehrlich. Durch das Korrektiv des fächerverbindenden Dialogs, die Erweiterung des Blickwinkels und oft unvermutete Synergieeffekte lassen sich die vier zuvor genannten Forderungen besser umsetzen.

Am schwierigsten, aber auch am wichtigsten ist das Gespräch zwischen Natur- und Geisteswissenschaften, die eine **Synthese der Wissenschaften** zum Ziel hat. Hermann Knoblauch hat immer wieder hervorgehoben, wie dringend notwendig gerade diese Synthese ist.[8]

Kompetenzen als Grundlage für die fünf Kernsätze

Kompetenzen wie die folgenden sind Voraussetzungen für die oben genannten Kernsätze und insbesondere für den interdisziplinären Dialog:[9]

- **allgemein verständlich sprechen und schreiben** – unvermeidbare Fachbegriffe erklären,
- **aufmerksam zuhören**, d. h., den anderen hören und verstehen *wollen*,
- **offen sein für andere Denk- und Sichtweisen** – dazu bereit sein, andere Meinungen zunächst vorbehaltlos aufzunehmen und dann zu überprüfen.

So selbstverständlich die oben aufgeführten sozialen Kompetenzen – die von Unternehmen begehrten „soft skills“ – klingen, werden diese Voraussetzungen in der Praxis und im Wissenschaftsbetrieb jedoch häufig nicht geschaffen. Allzu oft scheitert der Versuch des Dialogs am Fachegoismus und an dem fehlenden Willen und Unvermögen, sich frei von Fachjargon auszudrücken.

Kultur des Herzens

Insgesamt weisen Kompetenzen dieser Art auf eine „Kultur des Herzens“ hin, also auf das ausdrücklich *wertfühlende* Empfinden, am Dasein der Menschen und anderer Wesen und Dinge Anteil zu nehmen und ein Verbundensein mit ihnen zu erleben. Mit ähnlichen Worten definiert Marion Pusch die „Kultur des Herzens“ als wesentlichen Inhalt ethisch orientierter Bildung.[10] Sowohl interdisziplinäre als auch ethische Fragestellungen verlangen nicht nur Fachwissen, sondern auch *Handlungskompetenzen*. Interdisziplinäres Denken reicht somit weiter als rein wissenschaftliches, wertfreies Wissen: Es fordert die Fähigkeiten des *ganzen Menschen*. Interdisziplinarität wandelt das Verfügungswissen des Fachmanns in Orientierungswissen und in die Handlungskompetenz des Entscheidungsträgers um.

Ganzheitliches, intuitives Schauen

Eine *intuitive Gesamtschau* eignet sich besser als eine analytische,

Bild 2: Das japanische Brettspiel „Go" basiert viel mehr auf den intuitiven Fähigkeiten des Spielers, *Zusammenhänge* und *Gestalten*, ähnlich wie Kraftlinien, zu erkennen, als auf der genauen Analyse der Position einzelner Steine.

zerlegende Betrachtungsweise, um Gestalten und komplexe Zusammenhänge in ihrer Ganzheit zu erkennen. So verlangt der Alltag von uns fortwährend, dass wir Situationen – das jeweilige komplexe Gefüge von Personen und Geschehen sowie die daraus erwachsenden Folgen – intuitiv und augenblicklich erfassen und nach ethischem Ermessen handeln.

Die Intuition hat auch ihren Platz im wissenschaftlichen Arbeiten – z. B. als kreativer, intuitiver Akt am Anfang eines Erkenntnisprozesses. So schreibt Hans-Peter Dürr über die Art der Zusammenarbeit mit Werner Heisenberg in der Quantenphysik: „Ich möchte eigentlich behaupten, daß jeder kreative Akt in der ganzheitlichen Betrachtung beginnt. ... Wenn wir [Heisenberg, Dürr und andere] uns an neue Ideen herangetastet haben, haben wir nur Umgangssprache verwendet, die ganz im Bereich des Intuitiven, des Bildhaften, des Symbolischen blieb."[11]

Diese Beobachtungen zum intuitiven, ganzheitlichen Schauen zeigen, dass das ganzheitliche Denken mit dem Eindringen in andere, metaphysische Wahrnehmungs- und Wirklichkeitswelten gleichzusetzen ist. Es können schemenhaft wahrgenommene Welten sein, deren Inhalte sich intuitiv und fragend in Gestalten, Metaphern und Symbolen ähnlich Ahnungen und Erinnerungen erschließen lassen.

Ein Gedicht zum Beispiel ruft Bilder auf, die weit über eine reine Naturbeschreibung hinausgehen – Bilder, die wir, die Lesenden, mit Leben erfüllen:

Sommermittag auf dem Hochwald brütet,
Aber auf der Lichtung treu behütet
Vom Geflechte dunkler Brombeerranken,
Wachen auf des Waldes Lichtgedanken.
Falter sind es, die so farbenprächtig,
Auf der Lichtung, sonnig halb und nächtig,
Diese Brombeerblüten still umbeben,
Purpurdisteln geistergleich umschweben.
Sagt mir an ihr stillen Geisterfalter
Auf der Lichtung: Wie viel Zeitenalter
Ihr im Banne laget bei den Toten,
Eh ihr wurdet solche Wunderboten?

Christian Wagner († 1918), „Auf der Lichtung"[12]

Ferner lassen solche Erkenntnisschritte, ob nun in der Wissenschaft, in den Künsten oder anderswo, auf eine andere Art von Dialog schließen: den inneren Dialog oder das Zwiegespräch mit sich selbst. Letztlich wird der äußere Dialog nie Ersatz sein für ein beharrliches Nachdenken und ein intuitives Erahnen von essenziellen Qualitäten und tieferen Zusammenhängen.

3. Natur ganzheitlich gesehen: Postulat eines allgemeinen Lebensprinzips

Das Universum – ein Organismus

Folgendes Bild einer zusammengesetzten, durch und durch belebten

Natur ist Ausgangspunkt und Fundament für die Erarbeitung der fünf oben genannten Kernsätze wie auch für mehrere Forschungsprojekte des Netzwerks in den jeweils beteiligten Disziplinen: Das Universum wird verstanden als wesenhaft und von Leben erfüllt, in Analogie zu einem zusammengesetzten Organismus, gebildet aus unzähligen Graden von Energie bzw. Kraft und Stofflichem. Energie bzw. Kraft und Materie beschreiben darin unterschiedliche Zustände desselben Dinges; anders gesagt: Materie ist kristallisierte Energie. Absolute Zustände, absolute Grenzen oder Trennungslinien innerhalb der Natur sind nicht zu erwarten; im Gegenteil: Es herrscht Vernetztheit, Verbundenheit aller Teile miteinander durch den ständigen Austausch von Kräften. Die Natur, die Gesamtheit aller Lebewesen, sorgt stets für Regeneration und Selbstheilung sowie für Ausgleich, für eine Moderation der Kräfte – auf neutrale unpersönliche Art (actio = reactio).

Dieses Naturbild ist mehr als ein bloßes Sprachbild. Ingenieur Hermann Knoblauch beschreibt eindringlich, wo eine Wissenschaft stehen bleibt, die ein allgemeines Lebensprinzip nicht annimmt: „Solange von der Wissenschaft nicht erkannt wird, dass das Universum ein gewaltiger, von ‚Leben' und ‚Bewusstsein' erfüllter Organismus ist, eine lebende Wesenheit, die sich ihrerseits aus lebenden Wesenheiten zusammensetzt, wird sie lediglich mit leblos erscheinenden Körpern, mit leeren Schalen operieren, deren inhärentes Leben ihr aber verborgen bleibt. So bleibt sie eine tote, auf Theorien und Hypothesen aufgebaute Wissenschaft."[13]

Der Organismus ist „das eindringlichste Beispiel einer dynamisch geordneten Ganzheit".[14] Mit seiner hierarchischen Anordnung und seiner Mannigfaltigkeit an Organen, die ihrerseits aus einer noch viel größeren Anzahl von Zellen zusammengesetzt sind, die wiederum eine Vielzahl von Informationsträgern, den Genen, enthalten, lässt sich der Organismus nicht einfach als Summe seiner Teile verstehen.[15] Als System und ganzheitliches Gebilde verstanden, diente der Organismus seit jeher als Metapher für den Staat und für die Beziehungen von Gruppierungen innerhalb der Gesellschaft zueinander und zum Ganzen.[16] Heute liefert er den Wissenschaften ein Modell von „geschlossenen und offenen Systemen" zum besseren Verstehen des Zusammenwirkens der Einzelteile.

Das oben skizzierte Naturbild enthält noch wesentlich mehr. Nach dieser Vorstellung muss z. B. stark gezweifelt werden, ob es überhaupt kleinste Teilchen als Grundbausteine der Materie geben kann. Wie die Physikerin Heidrun Bethge anmerkt: „Man bedenke nur einmal, wie sehr das wissenschaftlich allgemein akzeptierte ‚kleinste Teilchen' innerhalb von nur 60 Jahren vom Atom zum Quark geschrumpft ist: Das Quark ist mehr als hundert Millionen mal kleiner als das Atom. Wer weiß, wie klein das sogenannte ‚kleinste Teilchen' in weiteren 60 Jahren sein wird."[17]

Folgendes Fazit lässt sich daraus ziehen: Naturwissenschaften – Wissenschaften der *einen* Natur – werden in Zukunft nicht einzelne Aspekte der Natur unabhängig voneinander untersuchen. Ein Umdenken in Bezug auf das Mensch-Natur-Verhältnis und eine Betrachtung der Natur als Ganzheit werden zur Folge haben, dass die Fülle von Einzelerkenntnissen erst dann einen Sinn erhalten, wenn sie in Beziehung zur Gesamtwissenschaft von der Natur und zu ihren allgemeinen Prinzipien gesetzt worden sind.

Kooperationsgemeinschaft Wald

Von welchen Prinzipien ist oben im Zusammenhang mit dem Kernsatz „Prinzipien statt Details" die Rede? Ein Beispiel mag zunächst genügen. Zunehmend werden die Faktoren Konkurrenz und natürliche Auslese als Hauptprinzipien in der Evolution und im Zusammenleben von Lebewesen in Zweifel gezogen. Vielmehr gilt die Erkenntnis, dass eine friedliche Koexistenz und Kooperation das Zusammenleben stärker prägen als die Konkurrenz. Und der Blick in mikroskopische Welten enthüllt überraschende Beispiele von Kooperationsgemeinschaften – wie jene des Waldes.[18] „Als Ganzes gesehen, ist [der Wald] ein Organismus, in dem die Bäume über Pilz-Pipelines im Boden miteinander verbunden sind. Bäume und Pilze bilden so eine äußerst enge Lebensgemeinschaft, in der sie sich gegenseitig mit Nährstoffen versorgen. Außerdem werden auf diese Weise auch noch kleine Bäume mitversorgt."[19]

4. Warum interdisziplinäre Zusammenarbeit zuweilen schwierig sein kann

Warum gestaltet sich die interdisziplinäre Zusammenarbeit manchmal schwierig? Mehrere Ursachen deuten sich an.

Addiertes Wissen ist nicht gleich interdisziplinäre Erkenntnis

Häufig werden das interdisziplinäre Forschen und die interdisziplinäre Zusammenarbeit als *additiver Prozess* aufgefasst, als etwas, was durch das Aneinanderfügen von verschiedenen Meinungen, durch die Berücksichtigung verschiedener Perspektiven zustande kommt. Dies ist zwar ein Element interdisziplinären Denkens, für sich allein genommen reicht es jedoch nicht. Das Zusammenbinden von Aufsätzen hintereinander ergibt ein Buch, und die Addition von Ansichten eine „Buchbindersynthese", viel mehr nicht.

Dunkle Flure fremder Häuser

Ein zweiter Grund, warum interdisziplinäres Forschen schwer umzusetzen ist, liegt wohl darin, dass man auf dem sicheren Boden des eigenen Fachs und mit dem gewohnten fachspezifischen Denkstil die eigene Expertise eher unter Beweis stellen kann.

Das ist auch verständlich. Der Schuster bleibt gern bei seinem Leisten. Was wir gut und mit sicherer Handhabung tun können, das machen wir am liebsten. Wer dagegen als Halbkundiger ein fremdes Haus, das Gelände einer Nachbardisziplin betritt oder gar als Naturwissenschaftler den Schritt über den Graben zu den Geisteswissenschaften wagt oder umgekehrt, tappt erst einmal im Dunkeln. Und ein gewisses Maß an Skepsis muss bei anderen überwunden werden. So wird der Schritt über die Grenzen der eigenen Disziplin oft als riskant erlebt. Um so wichtiger ist es, dass der umsichtige Versuch, Grenzen zu überschreiten, auf ein geduldiges Zuhören und Erklärenwollen trifft.

Denkstil und Denkkollektiv

Durch jahrelange Beschäftigung mit einem bestimmten Lehrkanon

Spannend: Interdisziplinäre Zusammenarbeit

Dass interdisziplinäre Zusammenarbeit spannend sein kann, erfahren die Mitglieder der Hermann-Knoblauch-Akademie bei der Ausarbeitung von Lehrveranstaltungen und im Austausch auf eigenen interdisziplinären Fachtagungen. Die dort ausgeübte Vorgehensweise begünstigt die Suche nach gemeinsamen Prinzipien: In einer anfänglichen Phase des Brainstormings und Sammelns in einer kleineren Arbeitsgruppe mit Vertretern aus unterschiedlichen Fachrichtungen werden die Hauptaussagen zu einem bestimmten Thema besprochen. Dann gilt es, prinzipielle Wirkungsweisen zu identifizieren, die zwar vom jeweiligen Standpunkt aus unterschiedlich gesehen, aber als mehreren Fächern gemeinsam erkannt werden. Danach werden die Lehrveranstaltung und der Lehrstoff von einigen Dozenten bzw. Dozentinnen ausgearbeitet. Bei einer nochmaligen Vorstellung vor einem erweiterten Kreis besteht die Gelegenheit, weitere konstruktive Anregungen zu geben und weiterhin die als gemeinsam erachteten Prinzipien stärker herauszuar-

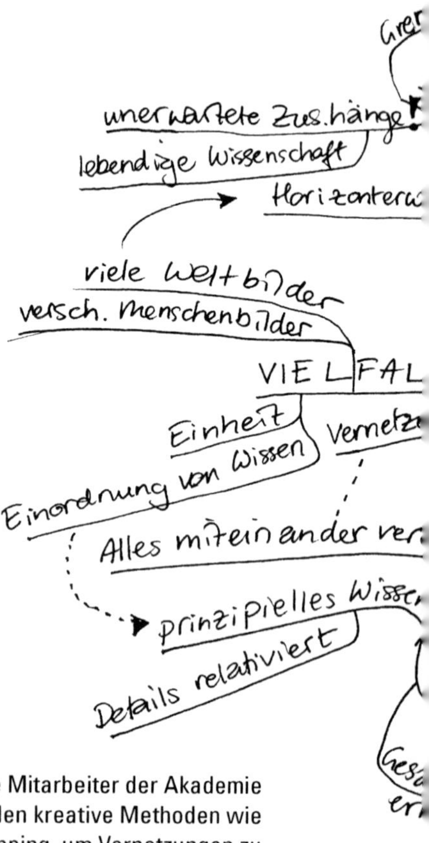

Bild 3: Die Mitarbeiter der Akademie verwenden kreative Methoden wie Mindmapping, um Vernetzungen zu erkennen. Hier ein Mindmap zur Frage „Warum Interdisziplinarität?".

beiten. Nach der Durchführung der Lehrveranstaltung wird über die Darstellung der Inhalte weiter reflektiert. Die endgültigen Ergebnisse fließen in die Lehrveranstaltungen und Vorträge der Akademie ein.

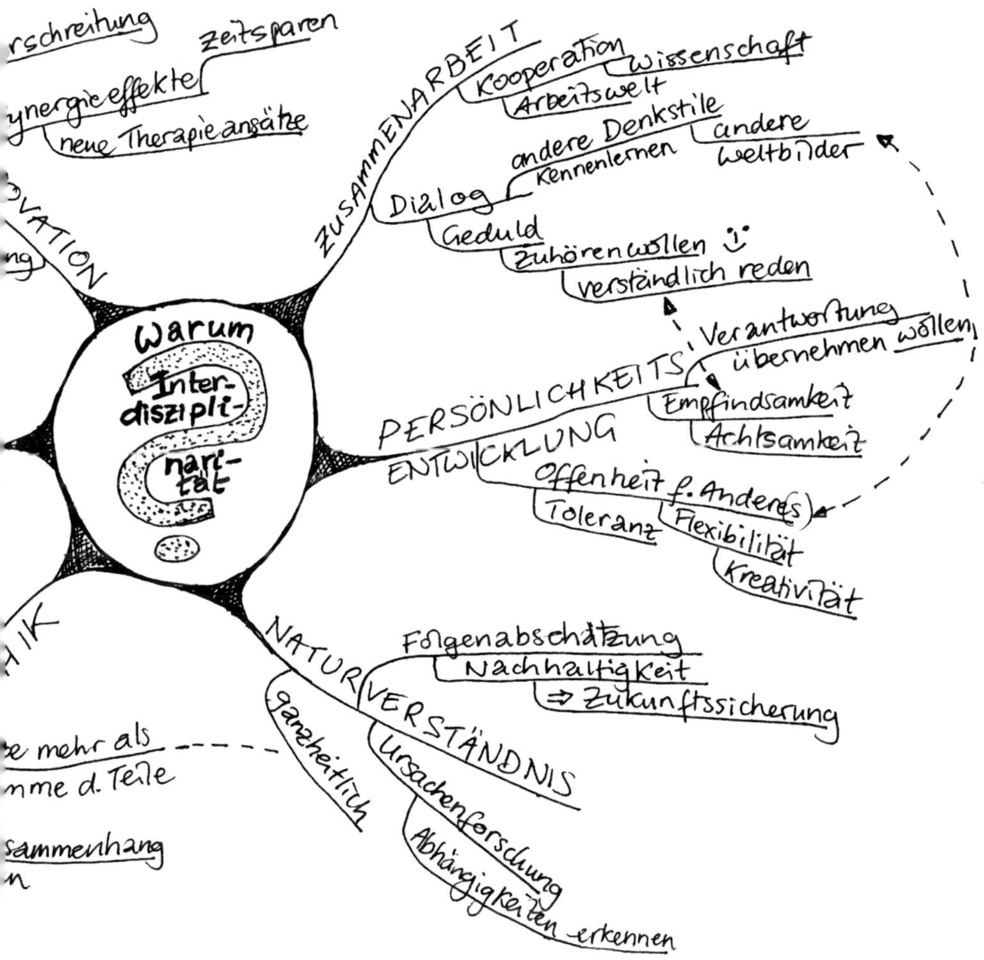

innerhalb des „Denkkollektivs" einer bestimmten wissenschaftlichen Gemeinschaft und aufgrund der verinnerlichten Methoden und Denkweisen entwickelt jede Fachrichtung einen ausgeprägten „Denkstil". Wissensgemeinschaften schaffen sich so etwas wie eine eigene Wirklichkeit. Hier, im passenden Kontext, werden Forschungstheorien innerhalb eines tradierten, oft wenig hinterfragten Lehrkanons bald als „Tatsachen" angesehen.[20]

Der Mediziner denkt und nimmt anders wahr als der Physiker oder der Jurist. Daran ist an sich nichts auszusetzen. Im Gegenteil, der sichere Umgang mit dem jeweiligen Stoff verleiht ein Gefühl der Souveränität und beflügelt zu neuer Erkenntnis. Gleichzeitig kann aber ein einseitiger Denkstil mentale Barrieren schaffen. Dies ist um so mehr der Fall, wenn er mit hoch spezialisiertem Fachjargon kombiniert wird.

Es gilt also, die Denkstile zu erkennen und zu achten – den eigenen wie auch den anderer Disziplinen –, sie jedoch zeitweilig hinter sich zu lassen, um zu neuen Erfahrungs- und Erkenntnishorizonten fortzuschreiten. Hermann Knoblauch forderte stets: „Brecht die Gedankenformen!" und praktizierte es auch. Gerade dies macht einen wichtigen und schwierigen Teil interdisziplinärer Arbeit aus. Überlegungen dieser Art fließen in die Seminare und Kurse der Hermann-Knoblauch-Akademie ein, denn dort werden an konkreten Beispielen sowohl Denkstile und Weltbilder als auch Wahrnehmungsmuster eingehend untersucht.

5. Neuere Entwicklungen, die Interdisziplinarität fördern

Während sich die Partikularisierung der Wissenschaften und die Herausbildung von immer neuen (Unter-)Disziplinen in unvermindertem Maße fortsetzen, zeichnen sich zugleich gegenläufige Tendenzen ab, die eine Entwicklung in Richtung interdisziplinärer Zusammenarbeit begünstigen. Diese Tendenzen sind verschiedenartig:

Materie – nicht verlässlich

Das materialistische Denken des neunzehnten Jahrhunderts ist in der Auflösung begriffen – oder müsste es zumindest sein, nimmt man die Erkenntnisse der Quantenphysik ernst. Mit den Worten von Hans-Peter Dürr: „Die klassische Ansicht war doch: Die Materie ist das Primäre und das eigentlich Wichtige: Materie bleibt Materie, und sie ist deshalb so verlässlich, weil sie zeitlich gleich bleibt." Dagegen setzt er die aus der neuen Physik gewonnene Einsicht: „Materie gibt es im Grunde gar nicht. Diese bildet sich erst als ‚Als-ob'-Erscheinung bei größeren Anhäufungen der atomaren Gestaltwesen auf einem räumlich höheren Niveau durch Ausmittelung heraus. *Wir stellen fest, die Wirklichkeit ist im Grunde keine Realität, keine dingliche Wirklichkeit.* Was bleibt, ist – wie wir es nennen – Potenzialität. Im Grunde gibt es nur Gestalt, reine Beziehungsstrukturen ohne materiellen Träger. Wir können vielleicht auch sagen: *Information.*"[21]

Diese Überlegungen veranlassen Hans-Peter Dürr, die Betrachtung von „belebter" und „unbelebter" Materie als grundverschieden sehr anzuzweifeln. Hermann Knoblauch bezeichnete die Annahme, dass es tote Materie gäbe, als einen der folgenschwersten Fehler der Wissenschaftsgeschichte: „Es gibt lediglich tote Formen, die aber von einem ungeheuren, in der Entwicklung begriffenen Leben aufgebaut sind." Er lieferte eindrucksvolle Argumente gegen die Vorstellung, es gäbe irgendetwas Totes in der Natur.[22] Sobald man die Schranken eines wissenschaftlichen Lehrkanons überwindet, der noch auf aristotelische Vorstellungen von einer Einteilung in belebte und unbelebte Natur zurückgeht, werden faszinierende Einsichten in eine lebendige und von Bewusstsein durchdrungene Welt der Atome und Moleküle frei.

Wissenskonzepte im Wandel

In einer Gesellschaft, die wie die unsrige viel über Wissensformen reflektiert und konkurrierende Formen des Wissens aufzuweisen hat, wird die Gültigkeit von Wissen problematisiert.[23] Das Konzept des mit wissenschaftlichen Methoden ermittelten objektiven Wissens lässt sich nur schwer, allenfalls als erstrebenswertes Ideal aufrechterhalten. Vielmehr erlebt sich der Wissende – Wissenschaftler wie auch andere Denker – als integraler, nicht herauszulösender Teil des Forschungszusammenhangs bzw. des Lebens, sogar als Mitgestalter der zu erforschenden Welt.[24] Wissen verlangt nach einem Kontext und ist an einen Standpunkt gebunden.

Sowohl in der Arbeits- als auch in der Forschungswelt besteht schon seit längerem der Trend weg von einer institutionell verankerten, disziplin-bezogenen Arbeitsorganisation hin zu problemorientierten und fächerübergreifenden Kooperationen und zu einer flexibleren, projektbezogenen Arbeitsorganisation.[25] In der Arbeitswelt gilt zunehmend: Nicht derjenige ist kompetent (im erwünschten Sinne), der über viel Fachwissen verfügt, sondern der das Fachwissen punktuell und in Verbindung mit sozialer, ethischer und emotionaler Intelligenz in Entscheidungsprozesse einzubringen vermag. Zusammenarbeit wird zunehmend als interdisziplinärer und interkultureller Dialog begriffen und setzt entsprechende Kompetenzen – Querschnittfähigkeiten, die in allen Bereichen notwendig sind – voraus.[26]

Widersprüche und Alternativdeutungen zugelassen

Wissen heißt oft, die Dinge zu benennen und zu definieren. Das Benennen und Definieren bedeutet jedoch zugleich ein Begrenzen, die Fixierung der Aufmerksamkeit auf bestimmte Aspekte. Die Festlegung auf eine Definition grenzt andere Facetten und Perspektiven, möglicherweise widersprüchliche, zugleich aus. Indem unsere Einsicht in hoch komplexe, vernetzte Funktionszusammenhänge, beispielsweise in die Funktionen der Gene oder der menschlichen Gesellschaft, wächst, finden auch vielschichtige Deutungsmuster Akzeptanz, die widersprüchliche Erklärungen und Sowohl-als-auch-Ansätze erlauben, statt nur eindeutige, aber einschränkende Entweder-oder-Ansätze zuzulassen. Die Theorie des Welle-Teilchen-Dualismus ist ein Beispiel hierfür. Sie besagt, dass Teilchen sowohl einen korpuskularen als auch einen energetischen Aspekt haben – eine Vorstellung, die für Physiker wie auch Fachfremde nicht leicht zu fassen ist.[27]

Interkulturelle Kompetenz trägt zur Befähigung im interdisziplinären Dialog bei

Nicht nur wissenschaftliche Denkstile, sondern auch kulturell und ethnisch bedingte Menschen- und Weltbilder gilt es zu berücksichtigen. So können interkulturelle Dialoge dazu beitragen, ethnozentrische Denkweisen zu relativieren oder zu überwinden, Konfliktfähigkeit und die Akzeptanz für andere Denkmuster zu erhöhen und andere Denkweisen in das eigene Denken mit einzubeziehen. In solchen Dialogen, in denen Kulturen nicht beziehungslos nebeneinander stehenbleiben, sondern sich aufeinander beziehen, liegt zudem die Chance, kulturübergreifende Werte zu finden oder neu auszubilden.

Für Dialoge wie diese, in der Wissenschaft oder am Arbeitsplatz, spielt der Erwerb interkultureller Kompetenz eine wichtige Rolle. Insofern hilft interkulturelle Kompetenz „nicht nur, unser eigenes Denken und das anderer zu bereichern. Sie hilft uns auch, dem individuellen und soziokulturellen Leben bisher nicht bekannte Perspektiven abzugewinnen. Auch können wir mit ihrer Hilfe in einem multikulturellen Haus ins Gespräch kommen oder uns auf nicht vertraute Verhaltensweisen von Geschäftspartnern einstellen. Doch in besonderer Weise ist interkulturelle Kompetenz erforderlich, wenn es darum geht, in einer von kultureller Vielfalt geprägten Gesellschaft, über nationale, ethnische und kulturelle Einordnungen hinweg, die Zukunft und das Zusammenleben menschlich zu gestalten."[28]

6. Zusammenfassung

Nicht ein Zuwenig, sondern ein Zuviel an Wissen erschwert Forschungsarbeiten heute: ein Zuviel an Detailwissen. Dringender denn je ist die Zusammenführung, die Synthese von Wissen auf der Basis eines vertieften ursächlichen Verstehens übergeordneter Zusammenhänge geboten. Die Natur kennt weder disziplinäre Grenzen noch Disziplinen. Sie kann nicht anders handeln als ganzheitlich, ausgleichend und vernetzt handeln. Es ist der fehlende Blick für das Ganze – von Detailwissen getrübt und durch den Denkstil des Spezialistentums beengt –, der uns daran hindert, das Wirken der Natur in ihrer Ganzheit zu erfassen.

Doch allmählich wird die Notwendigkeit eines Umdenkens erkannt. Der Einzelne kann einen wesentlichen Beitrag zum interdisziplinären Verstehen leisten, indem er beginnt, sich als ganzheitliches Wesen zu verstehen, und somit der ihm innewohnenden Fähigkeiten, die ihn zu interdisziplinären Denkweisen prädestinieren, gewahr wird. Diese Fähigkeiten, einmal entdeckt, können wir in den interkulturellen und interdisziplinären Dialog einbringen und dort weiterentwickeln. Zugleich ist die Hinwendung zu Interdisziplinarität ein unentbehrlicher Beitrag zu einer ethischen Umorientierung, denn beide – Interdisziplinarität und ethisch orientiertes Denken – basieren auf demselben Grundverständnis von der Natur als einem vernetzten Ganzen.

Wenn damit begonnen wird, Interdisziplinarität nachhaltig in die Praxis umzusetzen, wird zugleich ein wesentlicher Schritt in Richtung einer Synthese von Geistes- und Naturwissenschaften getan. Letztere sowie die Revision des Mensch-Natur-Verhältnisses im Sinne eines ganzheitlichen Mensch- und Natur-Verständnisses gehören zu den wichtigsten Anliegen im Forschungsprogramm des Netzwerks für interdisziplinäre Ursachenforschung.

---

[1] Interne Mitteilung zur Tagung „Interdisziplinäre Ursachenforschung" des Netzwerks für interdisziplinäre Ursachenforschung, 1996.

[2] Und wer erst als Professor Interdisziplinarität einüben will, versucht auf den fahrenden Zug aufzuspringen. Vgl. Mittelstraß, Jürgen: Die Stunde der Interdisziplinarität? In: Interdisziplinarität: Praxis – Herausforderung – Ideologie, hrsg. von J. Kocka. Frankfurt/Main, 1987, S.152–58. Für Mittelstraß gilt: „Interdisziplinarität beginnt nicht auch erst auf der Professoren-Ebene, unter Einschaltung von Wissenschaftsministerien und Drittmittelgebern, sondern – wenn sie denn tatsächlich ein Teil unseres wissenschaftlichen Lebens werden soll – im Studium." (S. 157)

3 Vgl. Mittelstraß, Jürgen, op. cit., S. 152 ff. Für Mittelstraß ist es wohl auch nicht befriedigend.

4 Die Forderung nach Spezialistenwissen lässt inzwischen deutlich nach. Nun werden das Wissenspotenzial der Mitarbeiter und ihre Fähigkeit, unterschiedliche Wissensgebiete zu verbinden, in Unternehmen viel höher eingeschätzt. Siehe den Kasten, S. 84, zur Arbeitsweise des Netzwerks für interdisziplinäre Ursachenforschung.

5 Siehe auch die Ausführungen hierzu im Kap. III, 1.2.2 der Promotionsschrift von Pusch, Marion: Revision des Mensch-Natur-Verhältnisses. München, 1997.

6 Vgl. hierzu die Ausführungen zu den drei Denkrichtungen des philosophischen, wissenschaftlichen und religiösen Denkens und der Notwendigkeit, die Denkrichtungen zu zusammenzuführen, hier exemplarisch am Beispiel der Evolution auch umgesetzt, in: „Evolution im Dialog von Wissenschaft und Philosophie" von Claudia Bass und Ute Kampmann. In: Vernetzt denken – die Zukunft gestalten. Hannover, 2000, S. 27–46.

7 Siehe Abschnitt 5 unten sowie in diesem Band: Kampmann, Ute; Pollmann, Achim: Weltbilder im Dialog. S. 111.

8 Vgl. seine Aussage zu dieser Synthese am Kapitelanfang.

9 Diese Kompetenzen gehören zu den Grundbausteinen einer fächerverbindenden Kommunikation, wie sie in Seminaren der Hermann-Knoblauch-Akademie erprobt wird.

10 Vgl. Pusch, Marion: Zukunftsfähige Wissenschaft – Ethik in die Lehrpläne von Hochschulen. In: Mögliche Wege zu einem gesellschaftsfähigen Ethik- und Moralkonsens – Was können Hochschulen dazu leisten? Zittau, (im Druck) 2001.

11 Dürr, Hans-Peter: Grenzgängergespräch. Der Teil und das Ganze. In: Das Netz des Physikers. Naturwissenschaftliche Erkenntnis in der Verantwortung. München und Wien, 1988, S. 64.

12 Wagner, Christian: Auf der Lichtung. In: Deutsche Naturlyrik vom Barock bis zur Gegenwart. Stuttgart, 1995, S. 259.

13 Interne Mitteilung des Netzwerks für interdisziplinäre Ursachenforschung.

14 Schischkoff, Georgi: Philosophisches Wörterbuch. Stuttgart, 1991, S. 534.

15 Trotz des eindrucksvollen Fortschritts bei der Entschlüsselung des Humangenoms wird z. B. immer wieder mit Ernüchterung konstatiert, dass die DNS mit ihren kodierten Genen nicht der einzige Schlüssel zum Verstehen des Menschen als Ganzes und des menschlichen Bewusstseins sein kann.

16 Ein solches Konzept ist ebenso zu finden in philosophischen Systemen der Antike in Europa wie in der alten chinesischen Philosophie des Universismus. Der interdisziplinäre und interkulturelle Dialog kann noch viele Parallelen dieser Art hervorheben und auf gemeinsame Inhalte untersuchen.

17 Bethge, Heidrun: Entstehung des Universums – Alternativen zur Urknalltheorie. In: Vernetzt denken – die Zukunft gestalten. Hannover, 2000, S. 106.

18 Das folgende Beispiel des Waldes wie auch die vorangegangenen Bemerkungen zur friedlichen Koexistenz und Kooperation in der Natur sind dem Artikel „Evolution im Dialog von Wissenschaft und Philosophie" von Claudia Baß und Ute Kampmann entnommen. In: Vernetzt denken – die Zukunft gestalten. Hannover, 2000, S. 39 f.

[19] Besprochen auf S. 40 des soeben zitierten Artikels.

[20] Solche Denkstile und -kollektive wurden insbesondere vom polnischen Arzt und Erkenntnistheoretiker Ludwick Fleck in der Mitte des 20. Jahrhunderts untersucht, später auch von Thomas S. Kuhn in seinem bekannten Werk „The Structure of Scientific Revolutions", Chicago, 1962.

[21] Dürr, Hans-Peter: Für eine zivile Gesellschaft. Beiträge zu unserer Zukunftsfähigkeit, hrsg. von Frauke Liesenborghs. München, 2000, S. 18.

[22] Diese Argumente sind größtenteils im ersten Band der vorliegenden Reihe „Edition Ursachenforschung" (Vernetzt denken – die Zukunft gestalten, Hannover, 2000) nachzulesen. Vgl. dort die Artikel von Frischat, Hannes: Die Welt der Atome – braucht die Physik ein neues Weltbild? und Donta, Tonia: Naturschutz beginnt im Denken. Was ist Leben?

[23] Vgl. Hahn, Alois: Zur Soziologie der Weisheit. In: Weisheit, hrsg. von A. Assmann. München, 1991, S. 47–57. Siehe auch den Beitrag von Hans-Peter Dürr: „Die Verantwortung naturwissenschaftlichen Erkennens". (in: Wissen als Verantwortung: ethische Konsequenzen des Erkennens, hrsg. von H.-P. Müller. Stuttgart, Berlin, Köln, 1991, S. 9–34), wo er u. a. sein Konzept der „T-Intelligenz" bespricht (S. 25–26).

[24] Vgl. eine Aussage aus wissenssoziologischer Sicht: „Sorgfältige Beobachtungen von Wissenschaftlern bei ihrer Arbeit schienen zu beweisen, dass wissenschaftliche Erkenntnisse keine objektive, unvoreingenommene Wiedergabe einer unabhängigen natürlichen Welt sind, sondern eine aktive, beteiligte Schöpfung dieser Welt im Zuge der sozialen Interaktion." Aus: Sociology of science. In: The Blackwell Dictionary of Twentieth-Century Social Thought, hrsg. von W. Outhwaite und T. Bottomore. Oxford, 1993, S. 640 (eigene Übers.).

[25] Die Orientierung der internationalen Frauenuniversität, die im Jahr 2000 in der Expo-Stadt Hannover veranstaltet wurde, an Themen wie „Wasser", „Arbeit" und „Migration" ist ein Beispiel eines Versuchs, institutionelle Grenzen zu überwinden und synergetische Kräfte freizusetzen.

[26] Siehe die Ausführungen zur interkulturellen Kompetenz oben im Abschnitt „Warum interdisziplinäre Zusammenarbeit zuweilen schwierig sein kann".

[27] Wer mit östlichen Philosophien vertraut ist, kann die Vorstellung von einem grundlegenden Dualismus eher erfassen, denn in den philosophischen Systemen Altindiens kommt das Konzept von Paaren von Aspekten (Geist und Stoff, Prinzip und Element), die aufeinander wirken und zugleich voneinander nicht zu trennen sind, mehrfach vor.

[28] Achim Pollmann: Unsere Weltbilder – ein einziger Flickenteppich? Unveröffentlichter Vortrag vor dem Netzwerk für interdisziplinäre Ursachenforschung am 06.02.1999.

Da wir alle zusammen in komplizierte und verwickelte Schicksalsgewebe verwoben sind, und zwar Mensch zu Mensch und darüber hinaus mit allen anderen Wesen und Dingen im Universum, wird eine gemeinsame Unterstützung, gegenseitige Hilfe und das Tragen der Lasten anderer zu einer klaren philosophischen Forderung erster Ordnung.

Gottfried von Purucker

Mehr Lebensqualität im Beruf – Was kann Ethik dazu beitragen?

Manola Märtens

Die Zeit, die wir im Beruf verbringen, ist zu kostbar, um sie als rein „ökonomische Notwendigkeit" abzutun. Sie ist Teil unseres Lebens, Teil unserer Identität, Teil von uns selbst. Welche Bedeutung hat der Beruf für unser Leben? Wie können wir diesem Bereich unseres Lebens eine Qualität geben, die über das rein Ökonomische hinausgeht und sich harmonisch in unsere Lebensziele einfügt?

Harmonie zwischen Arbeit und Lebensqualität ist im Beruf wichtiger als Sicherheit und Bezahlung – so urteilten 86 Prozent der Befragten in der Studie „Was wollen Mitarbeiter wirklich?"[1]. Mitarbeiter suchen (mehr) Lebensqualität und fordern diese auch ein.[2] Wie jedoch kann Lebensqualität im Beruf sichergestellt oder erhöht werden? Ist die häufig gewünschte Einheit von „Spaß an der Arbeit" und „Spaß am

Leben" ein ausreichender Maßstab hierfür? Sicher, Freude ist wichtig. Wenn sie aber nicht alleiniges Lebensziel ist, könnte eine weitere Frage zur Harmonisierung von Arbeit und Lebensqualität sein: Wie können wir unser Berufsleben so gestalten, dass wir uns darin als Mensch wohlfühlen, dass unsere inneren Einstellungen und unser Gewissen damit konform gehen können?

Viele Phänomene stehen in der Praxis diesen Zielen entgegen: Kollegen verhalten sich untereinander unsozial, Vorgesetzte interessieren sich vorrangig dafür, welchen Nutzen andere ihnen bringen und sehen weniger den Menschen in ihren Mitarbeitern, Gewissensentscheidungen sind selten gefragt, im Zuge von Fusionen drohen Entlassungen und Ängste, die Anforderungen steigen permanent. Viele können sich mit den Produkten und Zielen des Unternehmens nicht (mehr) identifizieren.

Muss das zwangsläufig so sein? Lassen das Prinzip der Wirtschaftlichkeit und der steigende Wettbewerb keine anderen Möglichkeiten zu? Sind Manager und Mitarbeiter in Unternehmen gezwungen, sich bedingungslos dem Prinzip der Ertragssteigerung zu unterwerfen – ohne Rücksicht auf ethische Werte und innere Ziele? Können Humanität, ein aufmerksamer Umgang miteinander und die Fürsorge für den anderen stärker in das Berufsleben integriert werden? Welche Rolle Ethik dabei spielen kann, will dieser Artikel zeigen. Dazu ist zunächst zu klären, was Ethik ist. Anschließend werden Felder und Möglichkeiten eines verantwortlichen, ethisch orientierten Denkens und Handelns im Beruf aufgezeigt.

Was ist Ethik?

Im Zuge sich verändernder Werte wurden besonders in jüngster Zeit viele Vorstellungen und Definitionen von Ethik entwickelt.[3] Die Hermann-Knoblauch-Akademie versteht Ethik jedoch viel weitgehender, als viele moderne Auffassungen dies tun. Sie orientiert sich an dem originären Begriff von Ethik, den Hermann Knoblauch wiederbelebt hat. Hermann Knoblauch ist Vorreiter eines grundlegend neuen und erweiterten Verständnisses von Ethik, aus dem sich Aussichten ableiten, die bisher wenig oder kaum Beachtung fanden. Seine Definition von Ethik lautet:

Wahre Ethik ist kosmisches Gesetz.

Damit bringt er zum Ausdruck, dass Ethik auf dem Ordnungsgefüge und dem Charakter des Universums fußt. Der Charakter, die Gesetze, das harmonische Gefüge des Universums sind über unvorstellbar große Zeiträume hinweg unveränderbar und überall gültig. Die Grundregeln dieses großen Gefüges – ein lebendiger Organismus – gelten auch in unserem menschlichen Leben und setzen sich bis ins Kleinste immer weiter fort. Dieser Gedanke der Einheit ist auf vielfältige Weise verstehbar und erklärbar. Er zeigt, dass Ethik als innerster Bestandteil des Kosmos überall wirkt – ob wir dies erkennen, hängt von unserer Wahrnehmung ab und diese wiederum davon, wieviel wir darüber wissen, was die Welt „im Innersten zusammenhält".

Schon die Griechen gingen von einer geordneten Einheit der Welt (Kosmos) aus.[4] Kosmos bedeutet übersetzt „Ordnung", „Anordnung" und damit das, „was angeordnet und erhalten wird nach den Richtlinien und Regeln der Harmonie".[5] Auch in den frühen chinesischen Vorstellungen sowie im späteren Konfuzianismus spielt die kosmische Ordnung bzw. die daraus abzuleitende harmonische Ordnung der Gesellschaft mit den Pflichten des Individuums eine zentrale Rolle.[6] Ebenso wurde in der vedischen Periode Indiens ethisch basiertes Handeln von einem Prinzip abgeleitet, das sich nicht allein auf den Menschen und seine Bedürfnisse bezog, sondern an einem kosmischen Ordnungsprinzip orientiert war.[7] Ethik ist demnach Ausdruck einer Ordnung nach den Regeln der Harmonie und gründet sich auf die Zusammensetzung und den Charakter des Universums.[8] In der Natur – als große kosmische Einheit verstanden – gestalten sich die Beziehungen aller Lebewesen zueinander und zu dem sie umgebenden kosmischen Ganzen als ein unlösbar miteinander verwobenes, ineinandergreifendes und sich gegenseitig durchdringendes System von Leben.[9]

Diese universale Vernetztheit allen Seins, ohne die nichts in der Welt existieren kann und die nach Hermann Knoblauch stets die Basis menschlichen Denkens darstellen sollte, bildet die *Grundlage* der Ethik. Sie setzt dem allgemeinen materiellen Streben, das ohne Rücksicht auf andere erfolgt, ohne Rücksicht auf eine gesicherte Zukunft und vor allem auch auf unsere Nachkommen, einen geistigen Pol entgegen.[10]

Ethik als ein kosmisches Gesetz gründet sich demnach auf eine ganzheitliche Weltsicht, eine fächerverbindende Perspektive, die Blickwinkel verschiedener archaischer Philosophien und Religionen einschließt. Darin wird der Mensch nicht wie heute zunehmend üblich auf materielle Aspekte reduziert. Vielmehr wird er als ein seelisch-geistiges Wesen verstanden, in dem sich Bewusstsein auf verschiedenen Stufen der Wahrnehmung manifestiert und das eine innere Verbindung zum gesamten Kosmos besitzt.[11]

Ethik spiegelt sich daher im Menschen wider. Eines ihrer wichtigsten Attribute ist das Gewissen, das jeder besitzt, auch wenn es unterschiedlich stark ausgeprägt ist. Ethik erschließt sich dem Menschen ebenfalls über sein inneres Empfinden und über die Fähigkeit, nicht nur mit dem Verstand, sondern auch mit dem Herzen zu denken, intuitiv zu denken. Wer sich mit dem Gedanken der Einheit der Welt, der universalen Verbundenheit oder der Unendlichkeit befasst, spürt bald, dass hier der reine Intellekt nicht ausreicht – er benötigt dazu Intuition, ein inneres Verstehen der Dinge.

Wichtig für das Verständnis von Ethik ist ihre Abgrenzung zur Moral. Moral bringt die überwiegend von den Religionen eingeführten Verhaltensrichtlinien zum Ausdruck. Jede Nation, jede Religionsgemeinschaft, jeder Kulturkreis, jede Familie, jeder Freundeskreis hat bestimmte Moralvorstellungen, nach denen der Einzelne sich in seinen täglichen Handlungen richten kann. Doch diese Moralvorstellungen stimmen einmal mehr und einmal weniger mit ethischen Prinzipien überein. Woran liegt das? Moral ist sehr stark dem Wandel unterschiedlicher kultureller Strömungen unterworfen, auch wird Moral ganz individuell interpretiert. Ethik hingegen überdauert den zeitlichen Wandel unserer Lebensgewohnheiten und Auffassungen, sie ist unveränderbares kosmisches Gesetz. Sie berücksichtigt in keiner Weise die persönlichen Belange Einzelner. Moral dagegen kann durchaus egoistisch geprägt sein und als gut oder erlaubt ansehen, was eigene Vorteile verschafft. Das Wohl anderer wird auf diese Weise jedoch kaum gefördert.

Wer zum Beispiel eine Information erhält, die für einen Kollegen sehr wichtig ist, weil er mit ihr seinem Projekt eine erfolgreichere Richtung geben könnte, hat zwei Möglichkeiten. Er kann nach der Maxime handeln „Eigener Erfolg um jeden Preis" und diese Information bewusst zurückhalten, um dem anderen keinen Vorteil zu gewähren. Oder er verfolgt die Lebensregel „Andere bestmöglich unterstützen" und lässt den Kollegen am Informationsvorsprung teilhaben. Die erste Maxime bringt eine Moralvorstellung zum Ausdruck, die zum Zweck des eigenen Erfolgs die Nachteile anderer in Kauf nimmt, also egoistisch geprägt ist. Die zweite Regel dagegen ist ethisch orientiert, weil sie das Füreinanderwirken und gegenseitige Unterstützung, beides ethische Prinzipien in der Natur, uneigennützig in den Vordergrund stellt. Aus übergeordneter Sicht, in diesem Fall aus Sicht des Unternehmens, der Wirtschaft, der Gesellschaft, wäre ebenfalls allen mit der zweiten, ethisch orientierten Grundeinstellung mehr gedient.

Die Maximen unseres Handelns sollten sich an Ethik orientieren, die universal ist, oder, nach Kant, am „allgemeinen Gesetz".[12] Um aber die Frage beantworten zu können, ob ich wollen kann, dass alle so handeln wie ich jetzt oder ob ich sogar wünschen könnte, dass die Maximen meines Handeln zum Naturgesetz werden – wie Kant stets zu fragen empfiehlt –, ist ein interdisziplinäres Verständnis der Einheit von Mensch und Natur erforderlich, das Natur- und Geisteswissenschaften wieder zusammenführt. Dies ist ein besonderes Anliegen der Hermann-Knoblauch-Akademie.

Gewissensentscheidungen im Beruf?

Ein Weg, sein eigenes Handeln an Ethik zu orientieren, ist das ehrliche Bemühen, im Einklang mit dem eigenen Gewissen zu handeln. Das Gewissen, so lehrte z. B. Platon, sagt uns nicht, was wir tun sollen, sondern: Es warnt uns immer dann, wenn wir im Begriff sind, etwas Falsches zu tun. Das Gewissen sagt uns also, was wir *nicht* tun sollen.

Aus unversalistischer Weltsicht stammt das Gewissen aus der gesammelten ethischen Weisheit in unserem Wesen. Es ist die Schatzkammer ethischer Erfahrung aus langer Zeit. Es mahnt, dem zu folgen, was recht ist und das zu vermeiden, was unrecht ist. In Verbindung mit der Intuition ist es ein untrüglicher Führer für ein ethisch orientiertes Denken und Handeln.[13]

Das Gewissen ist heute eine rechtlich anerkannte Instanz. Im Sinne des Bundesverfassungsgerichts ist „Gewissen ... als ein real erfahrbares seelisches Phänomen zu verstehen, dessen Forderungen, Mahnungen und Warnungen für den Menschen unmittelbar evidente Gebote unbedingten Sollens sind." Eine Gewissensentscheidung ist daher „jede ernste, sittliche, d. h. an den Kategorien von gut und böse orientierte Entscheidung ..., die der einzelne in einer bestimmten Lage als für sich bindend und unbedingt verpflichtend erfährt, so daß er gegen sie nicht ohne ernste Gewissensnot handeln könnte."[14]

Wie lässt sich das im Berufsleben realisieren? Was passiert, wenn ein Mitarbeiter die Anweisung seines Vorgesetzten nicht umsetzt, weil sein Gewissen dagegen spricht? Was tun, wenn das eigene Unternehmen Umweltsünden begeht, die Einzelne nicht mit ihrem Gewissen vereinbaren können? Oder wenn ein Kollege ganz offensichtlich gemobbt wird? Kann ein Einzelner überhaupt etwas dagegen tun?

Ja, er kann. Im Falle von Mobbing zum Beispiel kann Hilfe von anderen Kollegen, die erkennen, dass in ihrer Umgebung gemobbt wird, dem Opfer sehr helfen. Allerdings gehört viel Zivilcourage dazu, allein gegen mehrere Mobber oder Schikanen der Vorgesetzten vorzugehen.[15]

Im englischen Sprachraum hat sich der Begriff des „Whistleblower" herausgebildet. So nennt man dort Menschen, die angesichts einer unverantwortlichen Situation größeren Ausmaßes die „Alarmpfeife" (whistle) blasen. Sie machen aus Verantwortung für das Gemeinwohl einen Missstand bei der zuständigen Behörde oder auf anderem Wege öffentlich bekannt.[16]

Möglicherweise findet der Alarmruf Gehör und wird verfolgt: Es wird z. B. eine zusätzliche Sicherheitskontrolle in einem technischen Verfahren eingebaut, die zwar die Markteinführung verspätet, aber das Produkt sicherer macht. Damit wäre für die Verbraucher viel gewonnen. Für das Unternehmen letztlich auch. Doch der Betreffende selbst kann auf Widerstände stoßen, persönliche Zurücksetzungen erfahren und sogar seinen Arbeitsplatz gefährden. Der Biochemiker Dr. Arpad Pusztai zum Beispiel – ein bekannter Whistleblower – hatte im Rahmen einer großangelegten Studie aufgrund von Fütterungsversuchen festgestellt, dass gentechnisch veränderte Pflanzen unvorhergesehene Eigenschaften aufwiesen. Als er daraufhin vor Risiken gentechnisch veränderter Lebensmittel warnte, verlor er seine Stelle.[17]

Doch selten sind es die ganz großen Entscheidungen oder Vorgänge, bei denen Gewissenskonflikte entstehen. Schon in den vielen kleinen, täglichen Entscheidungen des Berufslebens stellt sich immer wieder die Frage, wie kooperativ und helfend jeder Einzelne sich gegenüber seinen Kollegen verhält. Wie stark macht er seine Unterstützung für Schwächere davon abhängig, ob er selbst dadurch Vorteile oder Nachteile erfährt? Inwieweit ist er in der Lage, das Wohlergehen Anderer auch einmal über seine eigenen Interessen zu stellen?

Die Frage des Gewissens ist eine für das gesamte Leben zentrale Frage. Eine Trennung zwischen ihrer Anwendung im Privatleben und im Beruf ist aus ethischer Sicht nicht vereinbar, denn Ethik ist universal und macht keine Ausnahmen. Ein ethisches Prinzip gilt immer und überall. Welche individuellen Moralvorstellungen jeder Einzelne daraus ableitet, ist eine andere Sache. Bei der Frage des Gewissens kann jedoch eine an Ethik orientierte Moral immer nur zu dem Ergebnis kommen, es zu beachten und aufrichtig zu versuchen, nicht gegen das eigene Gewissen zu entscheiden – so gut dies möglich ist. Wo ein fester Wille dazu vorhanden ist, finden sich überraschend oft Wege. Wir tragen damit langfristig zum Wohl des Unternehmens, der Gesellschaft und der gesamten Natur bei – von der wir selbst ein Teil sind.

Mit jeder Tat und jedem Unterlassen von Taten ziehen wir automatisch Rückwirkungen auf uns, denn wir sind mit den Gedanken und Empfindungen anderer Menschen und mit der gesamten lebendigen Natur auf das Engste verbunden. Von Purucker drückt dies so aus: „Da wir alle zusammen in komplizierte und verwickelte Schicksalsgewebe verwoben sind, und zwar Mensch zu Mensch und darüber hinaus mit allen anderen Wesen und Dingen im Universum, wird eine gemeinsame Unterstützung, gegenseitige Hilfe und das Tragen der Lasten anderer zu einer klaren philosophischen ... Forderung erster Ordnung."[18]

Ethische Orientierung aus Sicht der Unternehmensführung

Noch gibt es wenige Unternehmen, die aus eigener Intention heraus Raum für ethisch orientiertes Handeln ihrer Mitarbeiter eröffnen. Zu stark stehen Gewinnmargen und Renditeüberlegungen im Vordergrund, und als zu gering werden die Vorteile einer Rücksichtnahme auf Einstellungen und Werte der Mitarbeiter noch eingeschätzt. Dabei haben die sogenannten „soft facts" – die weichen Faktoren –, also Träume, Wünsche, Gefühle und Wertvorstellungen, einen erheblichen Einfluss auf die Motivation und bestimmen die Leistungsbereitschaft und -qualität der Mitarbeiter. Hiervon hängt wiederum der Erfolg eines Unternehmens ab, besonders bei Veränderungsprozessen.[19]

Anders sieht es bei den Erwartungen der Kunden aus: Angesichts globaler Krisen, zunehmender Umweltbelastungen und erhöhter Sensibilitäten in Punkto Lebensqualität formulieren Konsumenten, Lieferanten, Geldgeber und die gesamte Öffentlichkeit stärker ihre Ansprüche an das Handeln von Unternehmen. Die öffentliche Zustimmung wird auch bei der Rekrutierung von neuen Mitarbeitern immer wichtiger. „Der Wunsch nach einem Leben, das für Beruf und Freizeit dieselben Wertorientierungen verbindlich werden läßt, wird für immer mehr (v. a. junge) Menschen zur handlungsleitenden Zielidee. Die Mitarbeiter lassen ihre Einstellungen nicht mehr vor den Toren des Unternehmens", bemerkt Reinhard K. Sprenger.[20] Gesucht wird eine Tätigkeit, deren Zielsetzung man akzeptieren, deren Sinn man erkennen kann und die sinnvoll für das eigene Leben ist. So erhielt zum Beispiel ein Rüstungskonzern auf ein chiffriertes Stellenangebot für Hochschulabsolventen mehrere hundert Bewerbungen. Als er dann Kandidaten einlud und seine Anomymität preisgab, zeigten sich nur noch ein paar Bewerber interessiert.[21]

Allein schon diese Imagegründe machen Unternehmensleitungen offener für Fragen der Ethik. Was aber können sie tun? Um eine ethische Orientierung umzusetzen, gibt es viele Ansatzpunkte, angefangen bei der grundsätzlichen Ausrichtung des Unternehmens bis hin zu typischen Managementprozessen (Planung, Organisation, Führung usw.) und Funktionsbereichen (Produktion, Marketing, Personal usw.).

Folgende sechs Bereiche sollen exemplarisch aufzeigen, was eine glaubwürdige Anwendung ethischer Prinzipien bedeutet:[22]

- **Ethisch orientierte Unternehmensphilosophie**

  Eine ethisch orientierte Unternehmensphilosophie beinhaltet einen verantwortungsvollen Umgang mit Mensch und Natur und die Wahrnehmung damit verbundener humaner und ökologischer Verpflichtungen. Dadurch spricht sie Herz und Verstand gleichermaßen an.[23] Sie schafft Klarheit über die wirtschaftliche, gesellschaftliche und moralische Funktion und Stellung des Unternehmens. Hieraus können Sinnzusammenhänge, Wertbezüge und Pflichten des Managements abgeleitet werden. Grundlage dafür ist ein möglichst unternehmungsweites interdisziplinäres, ganzheitliches Denken, das rationales mit intuitivem Denken verknüpft. So lassen sich Ressortegoismen überwinden und die Erkenntnisperspektive über das rein Ökonomische hinaus erweitern.

  Der Kosmetikhersteller „The Body Shop" bezeichnet zum Beispiel seine Unternehmensphilosophie als ganzheitlich: „Wir lassen uns nicht nur durch Gewinne motivieren. Wir kümmern uns genauso um die Sicherheit und das Wohlergehen der Menschen und um den Schutz der natürlichen Umwelt, wie wir uns um die Herstellung von guten Produkten kümmern. Deshalb gibt es einige allgemein übliche Praktiken in der Kosmetikindustrie, denen wir einfach nicht folgen werden – und wir haben gute Alternativen zur Hand."[24]

  Eine in dieser Richtung geprägte Unternehmungsphilosophie gibt eine ethische Orientierung für die Entwicklung und Ausprägung der Unternehmenskultur vor und fördert eine einheitliche Denkhaltung im Rahmen der Unternehmenspolitik.

  Das deutsche Netzwerk Wirtschaftsethik zeigt, wie das aussehen kann. Es hat 2000 seinen ersten „Preis für Unternehmensethik" an die Otto Versand GmbH & Co. verliehen. Die Politik dieses Unternehmens orientiert sich u. a. an der Entwicklung nachhaltiger Wirtschaftsweisen, in der das notwendige Gewinnstreben nicht auf die Kosten von Mensch und Natur gehen darf. Im Rahmen dieser Unternehmenspolitik werden z. B. Handelsbeziehungen mit Ländern der Dritten Welt dazu genutzt, dort soziale Mindeststandards einzuführen (u. a. Verbot von Kinder- und Zwangsarbeit, die Zahlung von Mindestlöhnen und ein Diskriminierungsverbot aufgrund persönlicher Eigenschaften oder Überzeugungen der Lieferanten). Auch Nachhaltigkeitsprojekte sozialer und umweltpolitischer Art werden gefördert.[25]

- **Ethisch geprägtes Leitbild**

  Das Unternehmensleitbild sollte – neben Aussagen über die Unternehmensfunktion, oberste Unternehmensziele, das Leistungskonzept und Verhaltensgrundsätze – insbesondere Aussagen über ethische Grundsätze enthalten. Daraus lassen sich dann spezielle Verhaltensgrundsätze in Form eines Moralkodex ableiten, der dauerhafte, verbindliche Richtlinien für moralisches Handeln abbildet.

  Ein Beispiel für ein Leitbild gibt die Präambel des Entwurfs eines Ethik-Kodexes für Ingenieure des VDI-Ausschusses „Ethische Ingenieurverantwortung". Die Präambel lautet: „Die Mitglieder des VDI verpflichten sich, ihr Handeln im Berufsalltag an ethischen Grundsätzen und Kriterien auszurichten und sie konsequent umzusetzen. Die Grundsätze, die Orientierung bieten und auch Schutzwirkung für den einzelnen haben sollen, werden bei der Beurteilung von Verantwortungskonflikten herangezogen."[26]

  Moralkodizes können z. B. konkrete Vorgaben beinhalten wie: „Geben Sie niemandem, mit dem Sie zu tun haben, eine falsche Darstellung. Wenn Sie glauben, daß der andere Sie mißverstanden haben könnte, korrigieren Sie das Mißverständnis sofort." Oder: „Es ist gegen unsere Geschäftspraktiken, Geschäfte dadurch zu beschaffen, zu erlangen oder zu behalten, daß man einwilligt, Material von einem bestimmten Kunden zu kaufen." Oder: „Für alle Mitarbeiterinnen und Mitarbeiter besteht generell die Forderung, sich gegenseitig zu respektieren, abweichende Meinungen bzw. Charaktere zu tolerieren sowie andere so zu behandeln, wie sie selbst behandelt werden möchten."[27]

- **Verantwortungsvolle Planung**

  Strategische Planung kann die Distanz zwischen der Vieldeutigkeit der Umwelt und der für das Handeln notwendigen Eindeutigkeit der Orientierung überbrücken, wenn ihr oberste Prinzipien, Werte, Einstellungen und Überzeugungen zugrunde liegen, nach denen das Unternehmen geführt werden soll. Eine ethische Orientierung kann eine wesentliche Grundlage für einen dauerhaften Erfolg darstellen und helfen, „sinn-volle" Strategien des Überlebens am Markt zu entwickeln.

In allen Phasen der Planung hängt es von der moralischen Sensibilisierung und Einstellung der Mitwirkenden ab, ob moralische Problemstellungen überhaupt erkannt werden. Die Prognose der Wirkungen von Planungsalternativen kann durch die Überprüfung der handlungsleitenden Maximen an der Frage der Universalisierung „Kann ich wollen, dass alle so handeln wie ich bzw. wie wir?" (nach Kant) auf der Basis eines ganzheitlichen Welt- und Menschenbildes unterstützt werden.

- **Menschenwürdige Führung vor dem Hintergrund eines ganzheitlichen Menschenbildes**

Eine ethische Ausrichtung der Mitarbeiterführung sollte geprägt sein von gegenseitiger Achtung, einem Klima des Vertrauens, dem Anspruch der Sinnstiftung und -vermittlung, der Bereitschaft zur Verantwortungsübernahme und einem ausgeprägten Pflichtbewusstsein, das auf dem Prinzip der Wechselseitigkeit von Rechten und Pflichten beruht. Ein derartiges Führungsleitbild verfolgt neben Leistungszielen ausdrücklich auch persönliche Entwicklungsziele, die die Mitarbeiter als ganzen Menschen berücksichtigen.

Entscheidend für eine menschenwürdige Führung sind die im Denken der Führungskräfte herrschenden Vorstellungen darüber, was einen Menschen ausmacht, welche Potenziale in ihm liegen und wie diese gefördert werden können. Das heute in der Ökonomie und Wirtschaftspraxis leider immer noch vorherrschende Menschenbild sieht etwa so aus:

- Menschen sind tendenziell Leistungsverweigerer
- Menschen sind hierarchisch gestaffelte Bedürfnisbündel
- Menschen sind Reiz-Reaktions-Maschinen.[28]

Ganz anders zeichnet ein ganzheitlicher, ethisch basierter Ansatz den Menschen, wie viele große Denker der Vergangenheit ihn vertreten – eingebettet in ein ganzheitliches Naturverständnis:

> Der Mensch ist ein untrennbarer Teil des Universums und besitzt eine innere, essenzielle Verbundenheit mit der Natur. Er verfügt über einen freien Willen, Verstandeskraft, Unterscheidungsvermögen, Intuition, Gewissen und Selbstbewusstsein und kann somit jederzeit zwischen den dualen Polen seiner Seele wählen. Je mehr ihm seine dadurch gegebene verantwortliche Stellung in der Natur bewusst wird, desto eher werden seine innere Stärke und seine altruistischen und ethischen Bestrebungen wachsen. Dies wird sich förderlich auf ein verantwortungsvolles Denken und Handeln auch im Unternehmen auswirken.[29]

Vor diesem Hintergrund kann die Führung und Motivation von Mitarbeitern dann besonders erfolgreich sein, wenn die angestrebten Unternehmensziele auch in den Augen der Mitarbeiter sinnvoll und erstrebenswert sind. Und wenn sie mit ihren eigenen Wertvorstellungen konform gehen. Denn nur so kann eine Identifikation stattfinden und die Bereitschaft erwachsen, sich für diese Ziele einzusetzen. Dann wird jeder gerne Verantwortung übernehmen, seine Kreativität einbringen und mit Freude dabei sein.

- **Verantwortliches Marketinghandeln**

Für die Funktion des Marketing ist im Rahmen einer ethischen Orientierung zum Beispiel eine besondere Verantwortung im Umgang mit Kunden, Loyalität gegenüber Vertragspartnern, Mitverantwortung für die Produktsicherheit, sorgsamer Umgang mit Kundendaten und Verzicht auf unlautere Werbemethoden zu fordern. Hierbei helfen Dialoge, in denen Erwartungen und Kritik aus dem gesellschaftlichen Umfeld erfasst und Verständigungen mit Vertretern gesellschaftlicher Organisationen über Problemlösungen angestrebt werden. Eine frühzeitige Wahrnehmung moralischer Konflikte bzw. Verantwortlichkeiten kann durch Verbraucherabteilungen unterstützt werden.

- **Ausbildung moralischer Kompetenz**

Ob ethische Prinzipien im Unternehmen praktisch wirksam werden können, hängt stark vom Ausmaß moralischer Kompetenz bei Führungskräften und Mitarbeitern ab. Moralische Kompetenz zeigt sich in der Fähigkeit, die Gründe des eigenen Handelns offenlegen und gegenüber Anderen vertreten zu können, die Bedeutung der Pflichterfüllung in der Gemeinschaft im Gegensatz zum einseitigen Pochen auf Rechte zu erkennen, Einsicht durch Wissen und Erfahrung zu gewinnen, nicht rücksichtslos auf Kosten anderer die eigenen Bedürfnisse zu befriedigen, anderen unpersönlich und selbstlos zu helfen und das eigene Handeln an allgemeingültiger, universaler Ethik zu orientieren. Die Anlage hierzu trägt jeder Mensch in sich und hat sie bereits bis zu einem gewissen Grad durch Erziehung, Ausbildung und eigene Anstrengungen entwickelt. Sie kann und sollte in Unternehmen weiterentwickelt und gefestigt werden, z. B. durch Ethik-Seminare, die über eine reine Wissensvermittlung hinausgehen[30], und durch regelmäßiges Lernen an gelungenen Beispielen.

Auch wenn bisher meist nur in Teilbereichen einiger Unternehmen derartige Ausprägungen erkennbar sind und verfolgt werden: Warum sollte dies Berufstätige oder solche, die es werden wollen, davon abhalten, alles zu tun, was ihnen möglich ist, um auf der Grundlage von Ethik zu handeln und sich im Berufsleben so zu verhalten, wie sie es mit ihrem Inneren und ihrem Gewissen vereinbaren können? Jeder Mensch trägt Verantwortung für die Gestaltung unseres Arbeitsumfeldes mit.[31] Jeder hat in seinem Rahmen Einflussmöglichkeiten und jeder Einzelne wirkt als Vorbild für andere.

Teamorientierung und Kooperationsfähigkeit – Schlüsselqualifikationen für ein ethisch orientiertes Verhalten im Beruf

Welche Spielräume für jeden Berufstätigen bestehen, um Gewissensentscheidungen zu treffen, wurde bereits gezeigt. Eine andere wichtige Frage ist: Wie gestaltet sich die Zusammenarbeit mit anderen? Problem und Lösung dieser Frage beschreibt der Quantenphysiker Hans-Peter Dürr[32] treffend in einem Interview:

„Es wird gefragt, ‚was leistet du?', und es wird gesagt, ‚du mußt besser sein als der andere. Versuche ja nicht, mit dem zu kooperieren, weil du ihn überflügeln mußt, weil wir nicht genügend Jobs hier in unserer Gesellschaft haben. Und wenn du ihm hilfst, dann ist er hinterher dein Konkurrent.' Das heißt, wir haben eine Lebensweise, ein Paradigma in unserer Wirtschaft, das dem Paradigma des Lebendigen entgegensteht. Dieses Paradigma des Lebendigen bedeutet nämlich: Langfristig überlebensfähig ist in der Natur nur, wer in der Lage ist, ein Gewinn-Gewinn-Spiel spielen zu können – mein Vorteil muß auch der Vorteil des anderen sein, damit im Konzert zusammen etwas entsteht, bei dem das Ganze mehr ist als die Summe der Teile."[33]

Wir sind in unserem ganzen Leben darauf angewiesen, mit anderen zu kooperieren: Das Zusammenleben in einer Familie bedeutet, dass jeder seine Pflichten zu erfüllen hat; der Mann, dessen Auto nicht anspringt, ist darauf angewiesen, dass ihm andere schieben helfen, die Frau, die einen schweren Mülleimer an den Straßenrand tragen will, braucht die Mithilfe eines Nachbarn. So ist es auch im Berufsleben: Letztlich stellt jede Produktion von Gütern oder Dienstleistungen, an der mehr als eine Person beteiligt ist, eine Kooperation dar, weil dazu unterschiedliche Aktivitäten gebündelt werden. Das gilt für die Fertigung von Autos wie für die Herstellung von Briefmarken. Die Menschen arbeiten zusammen, ob sie nun zusammen ein Auto anschieben oder im keimfreien Operationssaal eines Krankenhauses tätig sind. Kooperation führt zum gemeinsamen Erreichen gemeinsamer Ziele.

In der Tier- und Pflanzenwelt gibt es zahllose Symbiosen, die ebenfalls Kooperationen darstellen. Die Flechte zum Beispiel ist eine Kooperation aus Pilz und Alge, die gemeinsam Lebensräume besiedeln, in denen keiner von beiden allein existieren könnte. Ein Lehrgebiet der Hermann-Knoblauch-Akademie beschäftigt sich damit, warum in der Natur Kooperationen vereinzelt auftretendes Konkurrenzverhalten weit überwiegen.

Was bedeutet das für das Arbeitsleben? Wem es gelingt, den Kollegen nicht als Konkurrenten anzusehen, sondern ihn zu unterstützen, ihm wichtige Informationen nicht vorzuenthalten, nicht mit seinen Ergebnissen bei anderen hausieren zu gehen und nicht hinter seinem Rücken schlecht über ihn zu sprechen, hat für alle Seiten viel gewonnen. Wer sich bemüht, Schwächere nicht zu verachten, sondern sie in die Gemeinschaft einzubeziehen, Hilfe und Unterstützung zu bieten, wenn der andere es nötig hat, sich mit anderen im Team für ein Ergebnis zu engagieren, bei dem hinterher nicht mehr klar sein wird, wer einen bedeutenden und wer einen weniger bedeutenden Beitrag dazu geleistet hat – wem das gelingt, der erzeugt Gewinn-Gewinn-Situationen, bei denen es keine Verlierer gibt. Hierzu ist jedoch ein Umdenken erforderlich, ein Erkennen universaler Vernetzungen, der Einheit von Mensch und Natur und grundlegender ethischer Prinzipien, die darauf fußen.

Oft stehen Egoismus und persönliches Vorteilsstreben dabei im Wege. Aber die erhofften Vorteile sind in aller Regel nur von kurzfristiger Natur, denn auf lange Sicht braucht jeder Freunde auf seinem Weg, und Feinde werden uns irgendwann zum Straucheln bringen. Viel wichtiger ist die Erkenntnis, dass im Team mit anderen meistens viel mehr erreicht werden kann, als jeder Einzelne zustande bringen würde. Das Ganze ist mehr als die Summe seiner Teile.

Diese Erkenntnis setzt sich auch in der Wirtschaft langsam durch: Immer mehr Unternehmen stellen auf stärker selbstbestimmte Gruppen- oder Teamarbeit um. In den Teams steigt die Eigenverantwortlichkeit jedes Mitglieds und damit die Motivation. Gleichzeitig sind Mitarbeiter, die im Team arbeiten, zufriedener mit ihrer Tätigkeit, weil sie ihre persönlichen Fähigkeiten besser einbringen können. Für das Unternehmen bedeutet dieser Arbeitsstil häufig schnellere und effektivere Arbeitsabläufe. Vorteile also auf beiden Seiten.

Doch ganz gleich, in welcher Organisationsform wir tätig sind: Die Bereitschaft zur Kooperation, zur wohlmeinenden, konstruktiven Zusammenarbeit und zum teamorientierten Miteinander sind Schlüsselqualifikationen für ethisch orientiertes Handeln im Beruf. Sie erwachsen aus der Erkenntnis, was Ethik ist und was sie bedeutet, welche Verantwortung wir tragen und wie umfassend wir in die vernetzten Abläufe der Natur eingebunden sind. Auf dieser Basis können eine innere Öffnung erfolgen und Achtsamkeit, Wille zur partnerschaftlichen Unterstützung, Ehrlichkeit – sich selbst und Anderen gegenüber – und Vertrauen entstehen.[34]

Nur wer Vertrauen schenkt, wird auch Vertrauen erhalten. Wie sonst können wir einen menschenwürdigen Umgang im Berufsleben erreichen, wie sonst können die viele Zeit und Energie, die wir in unseren Beruf investieren, sinnvoll angelegt und zu einen innerlich wertvollen Teil unseres Lebens werden?

Mit einer ganz einfachen Formel bringt dies Johann Wolfgang von Goethe zum Ausdruck:

„Behandle die Menschen so,
als wären sie, was sie sein sollten,
und du hilfst ihnen zu werden,
was sie sein könnten."

---

1 Ergebnis einer Befragung von 4500 Managern durch Kom/Ferry International.

2 Vgl. Hagedorn, Jobst R.: Personalmanagement – Wohin? In: Kurz-Nachrichten-Dienst der Bundesvereinigung der Deutschen Arbeitgeberverbände Nr. 13, 15.3.2001.

3 Zur Definition von Ethik und Moral siehe ausführlich in diesem Band: Pusch, Marion: Theorie, Kalkül oder kosmisches Gesetz – was ist Ethik? S. 13.

4 Vgl. Wöbse, Hans Hermann: Die Einheit von Materie, Geist und Seele. Über die Sinnhaftigkeit einer Synthese natur- und geisteswissenschaftlicher Erkenntnisse für die Ethik-Diskussion. In: Landschaft + Stadt, 19. Jg., 1987, H. 1, S. 1–11 (Sonderdruck) und Meyer-Abich, Klaus Michael: Die holistische Alternative. In: Sieferle, R. P. (Hrsg.): Natur. Ein Lesebuch, München 1991, S. 159–170.

5 Von Purucker, Gottfried: Wörterbuch, Hannover, [3]1990, S. 129.

6 Vgl. Emmerich, Reinhard: Konfuzius. In: Antes, Peter (Hrsg.): Große Religionsstifter. Zarathustra, Mose, Jesus, Mani, Muhammad, Nanak, Buddha, Konfuzius, Lao Zi, München, 1992, S. 160–185 und Tworuschka, Monika/Tworuschka, Udo: Religionen der Welt, München, 1996, S. 349 ff.

7 Vgl. von Stietencron, Heinrich: Der Beitrag der indischen Religionen zu einem Weltethos. In: Zeitschrift für Kulturaustausch, 43. Jg., 1993, Nr. 1, S. 107–115.

8 Vgl. von Purucker, Gottfried: Wörterbuch, Hannover, 31990, S. 84.

9 Vgl. von Purucker, Gottfried: Mit der Wissenschaft hinter die Schleier der Natur, Hannover, 1988, S. 122.

10 Vgl. Knoblauch, Hermann: Welt im Wandel. Die technische und geistige Revolution unserer Zeit. In: Das Forum. Mensch, Natur, Zukunftswissenschaften, 14. Jg., 1997, Nr. 2, S. 4–22.

11 Vgl. hierzu in diesem Band: Kampmann, Ute; Pollmann, Achim: Weltbilder im Dialog. S. 111.

12 Vgl. Märtens, Manola; Pusch, Marion: Ethik in der Praxis – Chancen für Beruf und Alltag. In: Vernetzt denken – die Zukunft gestalten! Hannover, 2000, S. 11–26.

13 Was das Gewissen ist, wie es zu schulen ist und welche Möglichkeiten es gibt, mit Gewissenskonflikten umzugehen, sind Bausteine des Lehrgebietes „Ethik" an der Hermann-Knoblauch-Akademie.

14 BVerfGE 12, 45 ff., 48, 127 ff., 69, 1 ff.

15 Es hat sich bewährt, in Einzelgesprächen im Kollegenkreis die eigenen Empfindungen zu benennen und konstruktiv zu versuchen, in kleinen Schritten den anderen das Problem bewusst zu machen. Wer sich diese Form der Eigeninitiative nicht zutraut, kann zumindest den Betriebsrat oder auch Vorgesetzte informieren. Vgl. Wiermann, S.: Die Rechnung für ein schlechtes Klima zahlen alle. In: VDI nachrichten, 19.5.2000. Hilfe gibt auch die „Mobbing-Zentrale" der Krankenkassen und eine Arbeitsgemeinschaft „No Mobbing", beide in Hamburg.

16 Besonders nachhaltig haben sich in den USA die berufsständischen Vereinigungen der Whistleblower-Problematik angenommen. Die Ingenieurvereinigung IEEE hat einen speziellen „Methodenkasten" entwickelt. Er umfasst einen Ethikkodex als Richtschnur und Hilfe in Rechtsstreiten, ein Ethikkomitee als Anprechstelle für ethische Fragen, ein Verfahren zur Aussonderung von Querulanten und zur fachlichen Beurteilung von echten Wistleblowerfällen, Verwendung der Ergebnisse in Gerichtsverfahren oder Veröffentlichungen, Verleihung von Preisen für herausragenden Einsatz zum Wohle der Allgemeinheit, Veröffentlichung von Firmenbeurteilungen, eine Ethik-Hotline und einen Hilfsfonds zur materiellen Unterstützung von Whistleblowern, die in schwere Not geraten sind. Die großen berufsständischen Vereine in Deutschland haben sich dieses Themas noch nicht angenommen.

17 Vgl. INESPE / Ethikschutz-Initiative [Hrsg.]: 8. Rundbrief an die Unterstützer und Sympathisanten der Ethikschutz-Initiative vom 10.3.2001, S. 1. Weitere Fälle vgl. Ethikschutz-Initiative INESPE (Hrsg.): Wenn das Gewissen NEIN sagt. Ethisch handeln in der abhängigen Arbeit. Ein Ratgeber in Konfliktfällen. Pittenhart, 1996.

18 Von Purucker, Gottfried: Mit der Wissenschaft hinter die Schleier der Natur, Hannover, 1988, S. 130.

19 Vgl. u. a. Dersch, Dorothee: Weiche Faktoren sind oft hart zu managen. In: Kompetenz. Das Diebold Management Journal, Nr. 48, 4-2000, S. 18–26. Auch der Chef des amerikanischen Jeansherstellers Levi Strauss hält die Trennung von harten und weichen Faktoren für nicht mehr zeitgemäß: „Die weiche und die harte Seite verflechten sich immer mehr. Die Wertvorstellungen eines Unternehmens – wofür es einsteht, woran seine Mitarbeiter glauben – sind wesentlich für den Geschäftserfolg im Wettbewerb." Vgl. Hirn, Wolfgang: Moral und Moneten. In: Managermagazin 12/1996, S 124–130.

20 Sprenger, Reinhard K.: Mythos Motivation. Wege aus einer Sackgasse. Frankfurt/Main; New York, 51993, S. 34.

21 Vgl. ebenda, S. 25.

22 Zu den folgenden und weiteren Ansatzpunkten vgl. Märtens, Manola: Ethik als

Grundlage für moralisches Handeln in Unternehmungen. Ein ganzheitlicher Ansatz. Dissertation, Hannover, 2000.

23 Der Vorstandsvorsitzende der Continental AG richtet z. B. folgenden Appell an die Mitarbeiter: „Tragen Sie mit Ihrem Herzen und Ihrem Verstand zur künftigen Entwicklung unseres Unternehmens bei!" In: The Basics. Continental Corporation. Continental AG 01/2000, S. 2.

24 Unternehmensbroschüre, o. V. Weiter heißt es dort: „Wir bemühen uns, nur Inhaltsstoffe aus erneuerbaren Quellen zu verwenden. Bevor wir uns daran machen, einen neuen Artikel herzustellen, vergewissern wir uns, daß wir die dazu benötigten Rohstoffe beschaffen können, ohne die natürliche Umwelt negativ zu beeinflussen."

25 Vgl. Deutsches Netzwerk Wirtschaftsethik [Hrsg.]: Preis für Unternehmensethik des Deutschen Netzwerks Wirtschaftsethik. Dokumentation 2000. Konstanz, 2000.

26 Vgl. EthikMagazin des Referats für Technik- und Wissenschaftsethik an den Fachhochschulen des Landes Baden-Württemberg, Nr. 1/2001, S. 18. Der Entwurf eines Ethik-Kodexes für Ingenieure wird in dieser Zeitschrift vor seiner Einführung zur Diskussion gestellt.

27 Vgl. diese und weitere Beispiele Märtens, Manola: Ethik als Grundlage für moralisches Handeln in Unternehmungen. Ein ganzheitlicher Ansatz. Dissertation, Hannover, 2000, S. 78 f.

28 Vgl. Sprenger, Reinhard K.: Mythos Motivation. Wege aus einer Sackgasse. Frankfurt/Main; New York, 51993, S. 49.

29 Auszug aus dem Lehrbereich „Menschenbilder" der Hermann-Knoblauch-Akademie.

30 Um Betrug, Bestechung und Diebstahl zu begegnen, führen z.B. immer mehr Unternehmen Workshops und spezielle Ethikschulungen durch, in denen über den Sinn ethischer Grundregeln im Job diskutiert und vorgegebene Dilemma-Situationen durchgespielt werden. Vgl. Freisberg, A.: Wunderwaffe Ethik. Immer mehr Unternehmen setzten auf Ethikschulungen, um ihrem wachsenden Wirtschaftskriminalitätsproblem zu begegnen. In: Handelsblatt, 23./24.6.2000, S. K 4.

31 Reinhard K. Sprenger beschreibt dies so: „Egal, wie zufrieden oder unzufrieden Sie mit Ihrer gegenwärtigen Situation sind – machen Sie sich klar, dass sie ein Resultat Ihrer Handlungen und Entscheidungen ist. Sie sind kein Opfer, sind nicht fremdbestimmt! Sie können Ihre Situation verändern. Sie können sie auch verlassen, sich ein anderes Betätigungsfeld suchen. Oder Sie können die Situation mit ganzem Herzen annehmen, sie jeden Tag aufs Neue wählen." Sprenger, Reinhard K.: 30 Minuten für mehr Motivation. Offenbach, 22000, S. 33.

32 Hans-Peter Dürr ist u. a. Träger des Alternativen Nobelpreises der Right-Livelihood-Stiftung und Schirmherr der Hermann-Knoblauch-Akademie.

33 Hans-Peter Dürr im Gespräch mit Reinhold Gruber im Alpha-Forum des Bayerischen Rundfunks, Erstausstrahlung: 29.5.1998 [www.bayerischer-rundfunk.de].

34 Dass Kooperation in einem Unternehmen zu großen Teilen auf Vertrauen basiert, meint auch Dorothee Dersch in: Weiche Faktoren sind oft hart zu managen. In: Kompetenz. Das Diebold Management Journal, Nr. 48, 4-2000, S. 18–26.

Die Basis unseres Denkens muss geändert werden, denn „Weisheit" und reines intellektuelles Wissen sind ganz verschiedene Dinge. Es ist nahezu unbekannt, dass es auch eine andere Art des Denkens gibt als die, die uns heute als so selbstverständlich erscheint.

Hermann Knoblauch

Weltbilder im Dialog

Ute Kampmann und Achim Pollmann

Für unser Verständnis von Ethik spielen Weltbilder eine zentrale Rolle, sie sind Fundamente unseres Denkens. Mit ihrer Hilfe versuchen wir, Zusammenhänge zu erkennen, die Welt zu interpretieren und uns in ihr zu orientieren. Dabei können unterschiedliche Ergebnisse zu Tage treten – je nachdem, welches Weltbild zugrunde gelegt wird. Gleiches gilt auch in Bezuig auf die Frage, was Ethik ist. Im Folgenden wird ein Weg aufgezeigt, der zu einem ganzheitlichen Weltbild führt, in dem Mensch, Natur und Kosmos eine dynamische Einheit bilden.

Kaum zuvor in der Geschichte hat sich die Welt so schnell verändert wie in den letzten zweihundert Jahren. Sie sind das Spiegelbild eines immensen Umbruchs im Denken. Das Industriezeitalter brachte weitreichende Fortschritte und erleichterte das tägliche Leben in erheblichem Maße. Aber es legte auch gleichzeitig die Basis für große Umweltkatastrophen. Die Natur wehrt sich. Dadurch sind wir gezwungen, sie aus einer anderen Perspektive zu betrachten. Funktioniert sie rein mechanisch als Reservoir für menschliche Ausnutzung oder ist sie ein vitaler Organismus, der sein eigenes Leben und demzufolge seine eigenen Notwendigkeiten zum Überleben braucht?[1] Über die Zeitepochen hinweg hat es immer neue Entwicklungen und Erfindungen gegeben, die der menschliche Geist hervorgebracht hat. Dabei stellt sich die Frage: Woher kommt dieses Wissen? Was ist seine Quelle? Gibt es eine Weisheit, die sich über die Epochen hinweg bewahrt hat und die eine Grundlage für das Verstehen von Ethik bildet? Gibt es universal anwendbare Prinzipien und wo und wie können wir sie erkennen?

Die Welt im Wandel

In vielen Epochen gab es Auslöser für gravierende Umdenkprozesse: Konfuzius, Buddha, Jesus, Nikolaus Kopernikus, Paracelsus, Max Planck u. v. a. m. Sie prägten das Denken ihrer Zeit, eröffneten neue Sichtweisen über die Welt und die Natur. Sie wiesen aus Sackgassen des Denkens, aus erstarrten Denkmustern und Ideologien – sie waren Wegweiser in eine neue Zukunft. So sehr wir heute ihr Wirken bewundern, so sehr trugen die neuen Ideen zu ihrer Zeit zur Verunsicherung bei. Es dauerte oft Jahrzehnte oder Jahrhunderte, bis eine neue Generation ihr Genie, die Tragweite ihres Wirkens und die Chancen für eine neue Ära erkannte.

Gottfried von Purucker erläutert die Hintergründe für den Wandel, der sich im Denken vollzog, wie folgt: „Wir dürfen nie vergessen, daß die Angelegenheiten und Beschäftigungen der Menschen letzten Endes die Manifestationen ihrer Gedanken und Ideale sind; und die Gedanken der Menschen folgen immer drei bestimmten getrennten, charakteristischen Grundformen, wie es die Geschichte in reichem Maße demonstriert. Diese sind: eine religiöse Ära, der sich immer eine wissenschaftliche anschließt, welcher unabänderlich eine philosophische Ära folgt, die wiederum eine neue religiöse Ära einleitet ...“[2] Nach von Purucker können diese drei Denkrichtungen in der abendländischen Geistesgeschichte wiedergefunden werden. So ist im antiken griechischen Denken das philosophische Denken dominant zu finden, in der Epoche des Mittelalters das religiöse Denken und in der Neuzeit das wissenschaftliche, systematisierende und klassifizierende Denken.[3] Catherine Atkinson[4] erläutert die These von Gottfried von Purucker in einem historischen Abriss:

„Betrachten wir in groben Zügen die geistesgeschichtliche Entwicklung im abendländischen Kulturraum im Laufe der vergangenen zwei Jahrtausende, dann deutet sich tatsächlich ein Wandel im Grundton der aufeinander folgenden Epochen an.

Die Spätantike – das Christentum verdrängt die philosophische Epoche der Antike:

Als Übergangsepoche ist die Spätantike ein Beispiel für eine Periode lang währenden Umbruchs. Sie löste die *philosophische Epoche* der Antike allmählich ab. Der Kulturraum des Mittelmeers war zu dieser Zeit ein Schmelztiegel von Völkern und Traditionen.[5] Dort schmolz das griechisch-römische Denksystem, das einige der hervorragendsten Philosophen hervorgebracht hatte, mit Einflüssen aus jüdischen, persischen, babylonischen und chinesischen Denktraditionen und Wissenschaften zusammen. Denkströmungen und Traditionen anderer Art fanden durch das Eindringen insbesondere der germanischen Völker in das westliche Gebiet des Römischen Reichs ebenfalls Eingang in deren Weltbild. Parallel zur Entstehung des Christentums entwickelte sich die neuplatonische Philosophie, die über längere Zeit das christliche Denksystem durch das Wirken einiger Kirchenväter entscheidend mitprägte.[6] Indem das Christentum immer mehr Einfluss gewann, wurden neue Werte geschaffen. Viele kulturelle Werte der Antike gingen allmählich verloren und mit ihm auch der dominante Einfluss des philosophischen Denkens: heidnische Kultgewohnheiten wurden ‚verchristlicht' oder verdrängt. Ein Zeichen für den kulturellen Verfall der antiken Denktradition war die Schließung der Mysterienschulen durch Kaiser Justinian im 6. Jahrhundert.

Das Mittelalter – das religiöse Empfinden ist geprägt von der christlichen Lehre:

Die Epoche des *Mittelalters* ist im wesentlichen ein christliches Zeitalter: die kleine, früher verfolgte christliche Gemeinde hatte sich zur dominanten, an der weltlichen und politischen Macht teilhabenden Institution herausgebildet. Diese Institution der Kirche und die theologischen Inhalte ihrer Lehren beeinflussten stark das religiöse Denken und die sozialen und wirtschaftlichen Strukturen im Leben der Menschen. Religiöse Vielfalt war ersetzt worden durch ein katholisches[7] Glaubenssystem mit Absolutheitsanspruch. Es bekämpfte die Häresie aufs Härteste. Das Denken und Handeln im Alltag war stark geprägt von einem religiösen Sehnen nach Wahrheit und richtete sich nach Jenseitsvorstellungen und nach dem Glauben an einen außerhalb der Welt stehenden allmächtigen Schöpfergott. Das Mittelalter war keineswegs so statisch, wie häufig gedacht. Es war ein bewegtes Zeitalter voller Widersprüche und Spannungen: einerseits war es geprägt von einem starren Dogmatismus und der zunehmenden Verweltlichung der Kirche, andererseits von Innovationen wie das heute noch erhaltene Universitätswesen und die wiederholten Versuche, religiöse Erneuerungen durch Rückkehr zu den ursprünglichen Inhalten einzuführen.[8]

Renaissance – das alte Weltbild wird erschüttert:

Die *Renaissance*, ebenfalls ein Übergangszeitalter, brachte umwälzende Erneuerungen mit sich. Die Humanisten, die sich als Erben der Antike verstanden, entdeckten viel Verlorengegangenes wieder und dachten es eigenständig weiter. Auf der Suche nach Erkenntnis lösten sich die Menschen von tradierten Autoritäten und verließen sich verstärkt auf die eigene Urteilskraft. Sowohl die Entdeckungsreisen zur ‚Neuen Welt' wie auch die Theorie des Nikolaus Kopernikus zum heliozentrischen Aufbau des Sonnensystems erschütterten das alte Weltbild und die traditionelle, hierarchische Gesellschaftsordnung. Nach lang ausgeübter Kritik an der Ablasspraxis und an kirchlichen Missbräuchen führten Bemühungen um religiöse Erneuerung von Menschen wie Martin Luther zu einer von heftigen Kämpfen begleiteten Kirchenspaltung und zu politischer Neuordnung.

Neuzeit – Aufbruch zur materialistischen Wissenschaft:

Das Denken war in Umbruch geraten, und es mussten neue Deutungsmuster gefunden werden, die sowohl aus philosophischer und religiöser als auch aus wissenschaftlicher Sicht die neu aufgeworfenen Fragen zur Stellung des Menschen im Universum beantworten konnten.[9] In diesen Zeiten der Verunsicherung und Umorientierung im 16. und 17. Jahrhundert begann man das zu untersuchen, was am nächsten zu sein schien: die sichtbare und messbare Natur. Hier findet sich der Neuanfang eines *wissenschaftlichen Denkens*, dass sich auf Empirie und Beobachtungen ausrichtete. In den ‚neuen' Wissenschaften begann man zu katalogisieren, systematisieren und analysieren, und aus diesen Beobachtungen Gesetzmäßigkeiten abzuleiten. Allmählich setzte sich ein neuer, auf Empirie und Rationalismus basierender Denkansatz gegen herkömmliche, dominant religiös begründete Denkweisen durch. Er verhalf einem mechanistischen und zunehmend materialistischen Weltbild zur Geburt. Diese Sichtweise ging aber auf Kosten einer ganzheitlichen Betrachtung der Natur, da sich nicht-physische, geistige und seelische (transzendente) Aspekte mit den neuen Messmethoden nicht erfassen ließen."[10]

Der Wandel setzt sich fort

Als sich Max Planck Ende des 19. Jahrhunderts für ein Studium der Physik entschied, riet ihm der Physiker Philipp von Jolly davon ab, da in der Physik im Wesentlichen schon alles erforscht sei. Max Planck ließ sich jedoch nicht beirren und begründete eine erheblich erweiterte Physik – die Quantenphysik. Mit ihr wurde die Vorstellung des Determinismus[11] grundsätzlich in Frage gestellt.[12] Hans-Peter Dürr, ein Schüler Werner Heisenbergs, beschreibt diese Zeit als eine Zeit des Umbruchs und Aufbruchs der Wissenschaft in eine neue Zeit: „Denn das uns von der Quantenphysik aufgezwungene Paradigma ist nicht mehr mit unseren gewohnten Vorstellungen in Einklang zu bringen und lässt sich nur schwer in unserer Umgangssprache beschreiben. Es war den Entdeckern der neueren Physik nur unter enormen Mühen gelungen, die neue Botschaft zu entziffern, und es hat sie selbst große Überwindung gekostet, sich den neuen Einsichten letztlich zu beugen."[13] Die Entdecker der Quantenphysik stellten bislang gültige und dominante Denkkategorien und damit das existierende Weltbild erneut in Frage und entwickelten neue Perspektiven und Interpretationen. Eine damit einsetzende Tendenz prognostizierte Gottfried von Purucker, ein Zeitgenosse Max Plancks, bereits 1935: „Die philosophische Ära, die kommen mußte, ist jetzt da oder beginnt, zu uns zu kommen. Die Naturwissenschaft wird entschieden philosophischer; ..."[14] Als erste Andeutung kann der Boom neuer „religiöser Bewegungen" im westlichen Kulturkreis angesehen werden. Er zeigt deutlich, dass die Antworten einer materialistischen Wissenschaft viele Menschen nicht mehr befriedigt. Sie sind intensiv auf der Suche nach dem, was sie über das Materialistische hinaus vermuten: Spiritualität, Philosophie, Bewusstsein, etwas Göttliches, eine ursprüngliche Energie – welcher Begriff auch immer von den Einzelnen gewählt wird.[15]

Renaissance alter philosophischer Lehren

Hermann Knoblauch geht mit Blick auf die Weltgeschichte davon aus, dass es trotz allen Wandels ein Grundreservoir an prinzipiellem Wissen und die Möglichkeit innerer Erkenntnis geben *muss*. Aus seiner Sicht bietet besonders die Quantenphysik Raum für eine Synthese von Geistes- mit Naturwissenschaften, neuer Wissenschaft mit „alter" Weisheit. Man könne, so Hermann Knoblauch, unsere Zeitepoche daher als eine Renaissance im Sinne von „Wiederaufleben alten Wissens und ursprünglicher Weisheit" bezeichnen. Der „Durst nach Wissen" werde erst dann wirklich befriedigt sein, wenn in der „Wissenschaft der Zukunft" religiöses, philosophisches und wissenschaftliches Denken gleichermaßen berücksichtigt werden.

Auf dieser Basis gewinnt die Aussage Hermann Knoblauchs bei der Gründung des Netzwerkes für interdisziplinäre Ursachenforschung 1996 entscheidend an Bedeutung: „Die Basis unseres Denkens muss geändert werden, wenn wir uns den Herausforderungen der Zukunft stellen wollen."[16] Sie zeigt den hohen Anspruch, dem sich eine „Wissenschaft der Zukunft" stellen muss.

Wollen wir die Basis unseres Denkens ändern, ist es hilfreich, wenn wir uns in einem ersten Schritt unserer eigenen oft unbewussten kulturellen und historischen Grundlagen bewusst werden. Dann erst ist es möglich, eigenen Perspektiven andere, neue und auch fremde Perspektiven gegenüber zu stellen.

Weltbilder prägen unser Denken und Handeln

Weltbilder, so zeigt sowohl die Geschichte als auch die Gegenwart, basieren oft auf einem Fundament des Denkens und Handelns, das nur selten hinterfragt wird. Ebenso bilden sie die Basis wissenschaftlichen Arbeitens. Sie können sich verselbständigen und als wissenschaftlich bewiesene Tatsachen hingenommen werden. So geben sie Raum für Spekulationen und Dogmatismus. Die Theorie vom Urknall sowie der Darwinismus sind Beispiele dafür, wie wichtig es ist, sich das Weltbild als Grundlage wissenschaftlichen Arbeitens bewusst zu machen und zu prüfen, auf welche Thesen Theorien gestützt werden.[17]

Weltbilder sind wie eine Art Raster oder Folie. Sie beschreiben Sichtweisen, sind ein Bild von der Welt und prägen die Einstellungen zur Welt. Sie dienen der Orientierung in der Welt, mit ihnen werden Gegenwart und Vergangenheit gedeutet und Zukunftsperspektiven erschlossen. Und schließlich bestimmen sie maßgeblich nicht nur das Denken, sondern in der täglichen Lebenspraxis auch das Handeln im Umgang mit anderen Menschen und mit der sozialen und natürlichen Um- und Mitwelt, auch im beruflichen Leben.

Die Entstehung von Weltbildern gründet sich auf eine Vielzahl von Faktoren. Dazu gehören u. a. sinnliche und geistige Wahrnehmung und Betrachtung der Um- und Mitwelt, Ideen, Biographie, Erfahrung, Wissen. Hinzu kommen Einflüsse wie Medien, Wissenschaften und Kultur. Außerdem spielen Weltanschauungen und Religion eine wichtige Rolle. So wirken sich auch Vorstellungen über das Woher und Wohin von Welt auf Weltbilder aus.

Es gibt eine Vielzahl und ein breites Spektrum von Weltbildern: zentralistische, kapitalistische, sozialistische, christliche, buddhistische, monotheistische, polytheistische, geographische, naturwissenschaftliche, universelle, westliche, östliche u. v. a. m. .

Bei der Beschäftigung mit fremden Weltbildern befasst man sich gleichzeitig mit den eigenen. Das mag paradox klingen. Doch über andere Weltsichten kann man lernen, sich der eigenen bewusst zu werden, sie zu verändern und weiter zu entwickeln – und natürlich auch anderen Sichtweisen Impulse zu geben.[18]

Als drei grundlegende Kategorien von Weltbildern werden hier exemplarisch die folgenden ausgewählt und näher betrachtet: ein mechanistisch-materialistisches Weltbild, ein monotheistisches Weltbild und ein ganzheitlich-universalistisches Weltbild. Besonders die ersten beiden Weltbilder haben das westliche Denken maßgeblich geprägt. Der dritte Ansatz ist hauptsächlich im asiatischen Raum und in der griechischen Antike zu finden, gewinnt aber zunehmend im Westen wieder an Bedeutung.

1. Kernaussagen eines mechanistisch-materialistischen Weltbildes

Die Darstellung in Bild 1 zeigt auf vereinfachte Art und Weise Prinzipien wissenschaftlicher Forschung, wenn sie auf einem mechanistisch-materialistischen Weltbild[20] aufbaut. Sie lassen sich wie folgt zusammenfassen und interpretieren.

- Wissenschaftler und Natur werden als getrennt voneinander angesehen;
- Wissenschaftler legen eigene, vorhandene oder vorgeschriebene Denkmuster zugrunde
- und entwickeln daraus eine These oder Theorie: „Mein Untersuchungsgegenstand ist wie ein △ oder □ oder ○."
- Mit entsprechenden Instrumenten bzw. Methoden wird der Forschungsgegenstand untersucht – die Instrumente bilden so in gewisser Weise einen verlängerten Arm der Sinne und der eigenen Vorstellungen.
- Die Denkmuster geben in vielen Fällen den Rahmen vor, in dem sich die Beobachtungen bewegen, und es ist schwer, diesen Rahmen zu verlassen. Diese Art der Untersuchung stößt dann an Grenzen, wenn das Untersuchungsobjekt nicht in die vorgegebenen Denkmuster passt (Bsp.: Quantenphysik, der Wandel vom geozentrischen Weltbild zum heliozentrischen);

- Nach der obigen Skizze lautet das Ergebnis: „Der Untersuchungsgegenstand hat Kugeleigenschaften." Allerdings ist es ein häufiger Fehler in der Praxis, zu sagen: „Der Untersuchungsgegenstand ist eine Kugel. *Und nichts weiter.*" Hiermit wird ein Absolutheitsanspruch einer Aussage beigemessen, die, wie die Vergangenheit der Wissenschaft immer wieder gezeigt hat, oft nicht haltbar ist, wenn sie den Forschungsgegenstand nicht in seiner Ganzheit beschreibt.
- Wissenschaft heute heißt u. a.: empirische Forschung, Analyse, Klassifizierung, Systematisierung und Interpretation von Wissen *auf der Grundlage bisher gewonnener Erkenntnisse*.

Bild 1: Messinstrumente erfassen die Welt als objektivierbaren Gegenstand.[19]

2. Kernaussagen eines monotheistischen Weltbildes

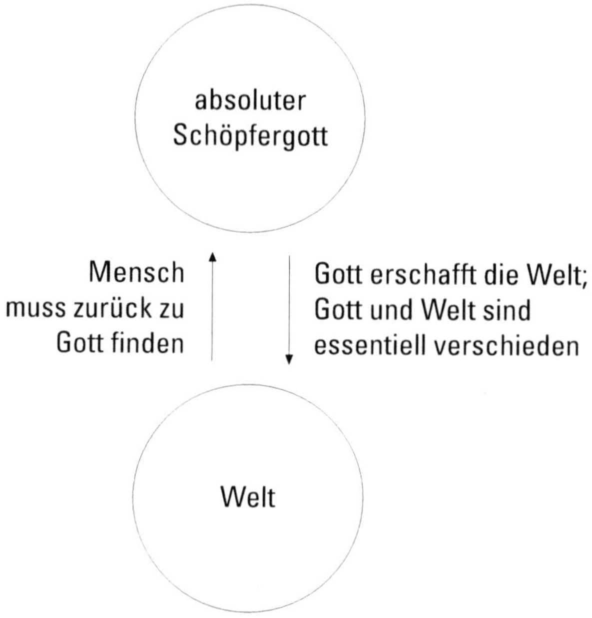

Bild 2: Gott ist ein absolutes Wesen außerhalb der Welt

Bild 2 spiegelt ein grundlegendes Prinzip der drei großen abrahamitischen Religionen wider. Hierauf bauen die jeweils unterschiedlichen theologischen Strömungen des *Judentums, Christentums* und *Islams* auf.[21] Charakteristisch sind u. a. folgende Aussagen:

- Gott ist das „einzige, seit Ewigkeit in Ewigkeit unveränderlich allein durch sich selbst existierende, absolut vollkommene Wesen, von dem das All und alles, was in ihm ist, abhängt [...]"[22] Das bedeutet:
- Gott und Welt sind essenziell verschieden, d. h., Gott und seine Schöpfung sind getrennt, so wie Subjekt und Objekt, Wissenschaftler und Forschungsgegenstand in Bild 1.
- Gott erschafft die Welt aus dem Nichts,
- daher steht Gott außerhalb der Welt, wirkt aber ggf. in ihr.[23]

- Die geschaffene Welt und alles in ihr hat einen Anfang und ein Ende; es gibt *ein* irdisches Leben, *einen* Tod und *ein* ewiges Leben.
- Der Mensch ist ein Geschöpf Gottes. Er ist *ihm* mit seinem Leben verpflichtet. Es ist das Ziel, ein Gott gefälliges Leben auf der Grundlage der jeweils anerkannten heiligen Schriften zu führen.
- Im Unterschied zum mechanistisch-materialistischen Weltbild werden über eine materielle Existenz hinaus individuelle Seelen sowie Geist angenommen.

3. Kernaussagen eines universalistisch-ganzheitlichen Weltbildes

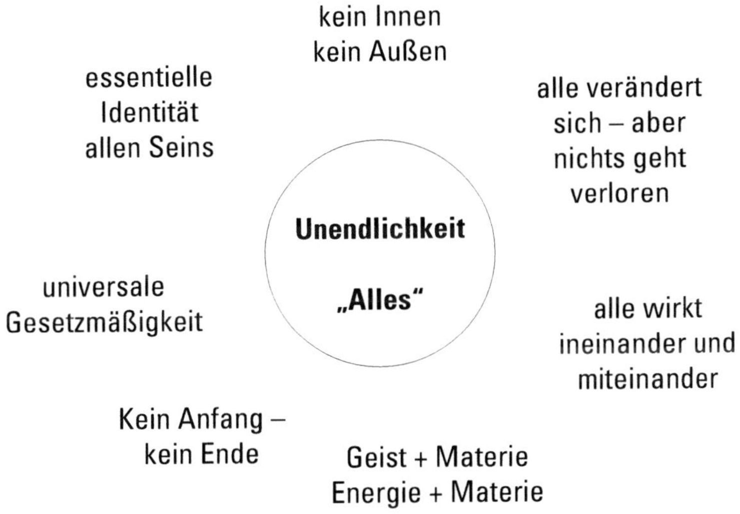

Bild 3: Die Welt bzw. das Universum ist eine unauflösliche Einheit

Dieses Diagramm zeigt eine Denkstruktur, die besonders im asiatischen Raum, z. B. im Hinduismus, Buddhismus, chinesischen Universismus, aber auch in der griechischen Antike, z. B. bei Platon, und in der

Renaissance z. B. bei Giordano Bruno zu finden ist. Der Kreis symbolisiert hier die Unendlichkeit. EinigeKernaussagen dieses Weltbildes sind:

- Alles Sein existiert wie ein gigantischer lebendiger Organismus, in dem alles miteinander verwoben ist, aufeinander einwirkt und voneinander abhängig ist. In dieser Vorstellung gibt es kein „innerhalb" oder „außerhalb" der Welt, wie es bei der o. g. monotheistischen Vorstellung zu finden ist, weder einen Anfang, noch ein Ende.
- „Universal" (lat. unus = eins) bezeichnet in diesem Zusammenhang *eine* unauflösliche *Ein*heit, *ein Uni*versum – „das zu einer Einheit zusammengefasste Ganze ..."[24]
- In der Einheit geht nichts verloren, es verändert sich lediglich.[25]
- In der Unendlichkeit existiert alles in einem steten Werden und Vergehen, wobei die Dominanz der Entwicklung in den „geistigen" Bereichen des Daseins liegt.[26]
- Allem liegt eine *universale* Ordnung zugrunde – eine natürliche, nicht personifizierte Gesetzmäßigkeit.[27]
- Materielle Erscheinungen wirken gleichzeitig mit Nicht-Materiellem, Transzendentem zusammen, z. B.: Körper und Seele, Ying und Yang, purusha und prakriti.[28]
- In seiner letzten Essenz ist alles identisch, hat alles einen „essenziellen", „göttlichen" Kern, eine geistig-spirituelle Quelle.[29] Hierin ist der Gedanke einer universalen Verbundenheit und Vernetztheit enthalten – was dem einen geschieht, geschieht demgemäss auch allem anderen.

Bereits an diesen drei exemplarisch ausgewählten Weltbildkategorien wird deutlich, wie unterschiedlich die Ausgangsaxiome einer Weltanschauung für die Betrachtung eines Untersuchungsgegenstandes, wie der Natur sind. Entsprechend weichen die Interpretationen der Ergebnisse voneinander ab. Die Untersuchung bzw. Interpretation ist mit einer Software zu vergleichen: Sie kann nur das umsetzen, was programmiert worden ist.

Diese Denksysteme existieren jedoch nicht völlig getrennt voneinander. Je nach Dialog und Begegnung von Wissenschaft und Philosophie überschneiden oder ergänzen sich der eine und der andere Aspekt. So sind z. B. in der Urknalltheorie sowohl die mechanistisch-materialistische Idee zu finden, als auch eine Nähe zu der Vorstellung des Schöpfungsmythos aus den genannten monotheistischen Religionen. Beide gehen von einer Entstehung aus dem Nichts bzw. einem Punkt Urmaterie aus, sowie von einem klaren Anfang und einem Ende – im Unterschied zu dem vorgestellten universalistisch-ganzheitlichen Weltbild, das eine Unendlichkeit zugrunde legt.

In einer Gegenüberstellung erscheint eine rein mechanistisch-materialistische Betrachtungsweise als reduziert und unvollständig. Viele philosophisch-religiöse Systeme hingegen verbinden in ihrer inhärenten Dualität physische Phänomene und geistige bzw. transzendente gleichermaßen. Daran wird deutlich, dass neben dem wissenschaftlichen Denken besonders diese Art von Denksystemen ein erhebliches Potenzial an unterschiedlichen Perspektiven bieten. Gerade sie eröffnen die Möglichkeit, einseitige oder auch festgefahrene Theorien und Hypothesen einmal „ganz anders" zu betrachten. Und genau dies ist ein zentrales Anliegen von Hermann Knoblauch: die Schranken gewohnten Denkens zu durchbrechen! Nur so können neue Perspektiven und Erkenntnisse gewonnen werden. Nur auf diesem Wege könne einer ursprünglichen und universell anwendbaren Interdisziplinarität Anerkennung verschafft werden.

Vor diesem Hintergrund zeigt sich die Vielschichtigkeit eines tieferen interdisziplinären Dialogs. Er macht deutlich, wie wichtig es ist, dass sich Wissenschaftler und Wissenschaftlerinnen ihrer Verantwortung bewusst werden und „selbstverständlich" gewordene Ausgangsaxiome hinterfragen. In dieser prinzipiellen Betrachtung bieten die ausgewählten Denkmuster eine hervorragende Möglichkeit, „nicht hinterfragte Fundamente des Denkens und Handelns" bewusster zu machen. In Zeiten eines Umbruchs, in dem neue Wege beschritten werden, ist das von entscheidender Bedeutung. „Denn in aufregenden Zeiten eines wissenschaftlichen Umbruchs kommt deutlicher als in normaler, stetiger Wissenschaftsentwicklung zum Ausdruck, dass jegliche menschliche Erkenntnis nicht voraussetzungslos im Raum schwebt, sondern notwendig auf bestimmten Prämissen aufbaut. Einige von ihnen bleiben oft unausgesprochen, da sie als evident erscheinen. Im Umbruch wird durch äußere Zwänge – Widersprüche zwischen Theorie und experimenteller Erfahrung – die Aufmerksamkeit gerade auf diese stillschweigenden Grundannahmen gelenkt, werden verborgene Fundamente freigelegt und ihre Brüchigkeit oder Unzulänglichkeit erkannt."[30]

Interdisziplinäres, d. h. *ganzheitliches* Denken ist demnach von entscheidender Bedeutung. Eine fundamentale Voraussetzung ist, unterschiedliche Perspektiven zunächst gleichwertig nebeneinander zu betrachten und die darin liegenden Denkmöglichkeiten in ihrer jeweils eigenen Tiefe auszuschöpfen.[31] Wie sinnvoll dies ist, wurde durch die Quantenphysik deutlich. So hat sich z. B. das der klassischen Physik zugrunde gelegte Weltbild als unzureichend erwiesen. Am Beispiel der Pioniere der neuen Physik ist bekannt, dass sie ohne philosophisches Denken nicht zu ihren Erkenntnissen gekommen wären.[32] Führende Physiker wie Erwin Schrödinger, Max Planck und Werner Heisenberg gehen davon aus, dass es *eine streng objektivierbare Welt* [Anm. der Autorin: wie in Bild 1 und 2] *nicht gibt, in der der Mensch als Beobachter außerhalb des Weltzusammenhanges steht.*[33] Bild 3 stellt genau diese Kernaussage als Prinzip ihrer Betrachtungsweise dar.

Interdisziplinarität und interkultureller Dialog gewinnen vor dem Hintergrund verschiedener Weltbilder entscheidend an Bedeutung. Und es wird deutlich, dass beide – Interdisziplinarität und interkultureller Dialog – zwei Seiten derselben Medaille sind. Analog dazu können sich moderne Wissenschaften und alte Weisheit in geradezu idealer Weise verbinden. Gerade alte Weisheiten halten nach Hermann Knoblauch in einem umfassenden Sinne ethisches Wissen bereit, mit dem wissenschaftliches Forschen und Tun reflektiert werden kann. Insofern ist es kein Wunder, dass alte Philosophien zunehmend an Aktualität gewinnen. Dabei stellt sich, wie zum Beispiel in Diskussionen über Gentechnik, sowohl für den einzelnen Menschen als auch für Wissenschaften erneut die Frage nach der Existenz zeitloser philosophischer Weisheit und grundlegender allgemeiner Prinzipien – wie sie in vielen Epochen auf die eine oder andere Weise zu Tage getreten sind.[34]

Grundlagen für ein Verstehen von Ethik

Eine unabdingbare Voraussetzung für das Verstehen von Ethik ist für Hermann Knoblauch ein ganzheitliches Denken. Darin schließt er u. a. mit ein:

1. die kontinuierliche, ehrliche *Suche* nach übergeordneten, prinzipiellen d. h. universal gültigen Zusammenhängen,
2. den *Vergleich* philosophischen und religiösen Denkens mit bekannten empirisch nachweisbaren Phänomenen sowie mit Interpretationen und
3. eine sich aus 1. und 2. ergebende Analyse und *Neuinterpretation* von vorhandenen Ergebnissen und Erkenntnissen, auf der Grundlage eines ganzheitlichen, d. h. universalistischen Weltbildes.[35]

Diese Aspekte sind um so entscheidender, da sie der Charakteristik des Menschen entsprechen. Die tiefen, essenziellen Fragen nach dem Sinn des Lebens, nach dem Woher und Wohin, nach den eigentlichen Ursachen des Seins berühren das Selbstverständnis eines jeden Menschen. Sie sind zeitlos, kultur- und epochenübergreifend, setzen sich über geographische Grenzen und sprachliche Barrieren hinweg.[36] Die Fähigkeit, Sinnfragen zu stellen und zu versuchen, Antworten zu finden, ist charakteristisch für den Menschen. Dabei ist zu bedenken: Weisen die Sinnfragen einen universalen Charakter auf, so wird nach Antworten gesucht, die nicht dem Wandel der Geschichte und Kulturen unterworfen sind. Gibt es solche „Konstanten“, „Naturgesetze“, die allen Menschen Orientierungshilfe sein können?

Bei der Suche nach allgemeingültigen Prinzipien und Orientierungsmaßstäben haben sich durch die Begegnung westlicher und östlicher Denkmuster und -traditionen Philosophie, Religion und Wissenschaften bereits getroffen. Das kann als ein Indiz dafür verstanden werden, dass sich Religion, Philosophie und Wissenschaften wieder einander annähern. Inbegriffen ist dabei auch der Gedanke einer Synthese – ein Gedanke, der nicht neu ist. So hat Christoph Bochinger in seiner Studie von 1994 nachweisen können, dass es sich bei diesen Strömungen um historisch wiederkehrende geistige Strömungen handeln kann.[37]

In der westlichen Welt wird überwiegend ein lineares Denken als das einzig mögliche angenommen und verinnerlicht. Dagegen beinhaltet ein Weltbild, dem der Gedanke der Unendlichkeit inhärent ist, ein zyklisches Verständnis zum Beispiel in Bezug auf die Entwicklung von Mensch und Universum wie auch in Bezug auf die Geschichte. Dies betrifft insbesondere die Vorstellung von „Zeit". Unser westlich geprägter Begriff von Zeit ist linear, abstrakt, von konkreten Ereignissen losgelöst. Dieser Zeitbegriff war zum Beispiel sowohl im Alten Orient als auch in der alten Welt unbekannt. Und schon Herodot – oft als Vater der Geschichtsschreibung bezeichnet – sagt: „Das Gesetz der Zeit, dem die Ereignisse gehorchen [...] drängt sich nicht vorwärts zu einer Zukunft, es kann nicht mit einem Strom verglichen werden. [...] aber es ist zyklisch, periodisch, läuft immer zurück zu seinem Anfang, wenn einmal das Ende erreicht ist."[38] Zyklisches, an Ereignisse gebundenes Denken drückt sich auch in der Genesis aus: „Solange die Erde steht, soll nicht aufhören Säen und Ernten, Kälte und Hitze, Sommer und Winter, Tag und Nacht."[39]

Folgt man dem Gedanken der Zyklizität, dann ist denkbar, dass zum Beispiel auch Weisheit und Erkenntnis zyklisch wiederkehrend sein können. Ebenso lässt sich in Bezug auf Ethik durchaus fragen, ob Zyklen auch zu den allgemeinen Prinzipien gehören, die das Verständnis für das wecken, was Ethik ist oder sein kann. Gerade im Zusammenhang mit Sinnfragen und wissenschaftlichem Denken, Forschen und Tun ist unser Verständnis von Ethik von wesentlicher Bedeutung.

„Ethik ist universal", erläutert Hermann Knoblauch, „und ihre Prinzipien können wir aus der Natur ableiten. Hierzu ist es notwendig, die unterschiedlichen naturwissenschaftlichen und geisteswissenschaftlichen Denk- und Forschungsrichtungen *wieder* zu einer Einheit zusammenzuführen. Schließlich beobachten, erforschen und beschreiben alle Disziplinen nur ein und dieselbe Natur. Von dieser einen Natur sieht und untersucht allerdings jede Disziplin einen anderen Ausschnitt – gerade den Ausschnitt, den sie aufgrund ihrer speziellen Messmethoden und ihres Naturverständnisses wahrnimmt. Daher entsteht teilweise der Eindruck, als seien die verschiedenen Forschungsergebnisse, Theorien und Hypothesen nur schwer miteinander zu vereinbaren. Doch sie alle sind Aspekte ein und derselben Realität – der Natur."[40] Dieser Gedanke ist zu einer Arbeitsgrundlage im Netzwerk für interdisziplinäre Ursachenforschung und in der Hermann-Knoblauch-Akademie" geworden: „Es gibt nur *eine* Natur, die Geistes- und Naturwissenschaftler gleichermaßen beobachten und erforschen. Aus diesem Grunde kann es – konsequent weitergedacht – nicht diametral entgegengesetzte und sich ausschließende Aussagen über ein und dieselbe Natur geben, sondern lediglich *unterschiedliche, sich ergänzende Aspekte*."[41] In diesem Sinne ist ganzheitliches Denken ein Weg zum tieferen Verstehen einer universell anwendbaren Ethik. Daher hat sich das Netzwerk für interdisziplinäre Ursachenforschung die Aufgabe gestellt, Grundlagen für die Erforschung ethischer Prinzipien zu erarbeiten, nach denen ein ethisch orientiertes Denken und Handeln ausgerichtet werden kann. Entscheidend sind in diesem Zusammenhang die Grundaxiome, auf denen eine interdisziplinäre Forschung aufbaut. Sie unterscheiden sich sehr je nach dem zugrundeliegenden Weltbild. Beinhaltet es

reine Materie	*oder*	Bewusstein und Materie?
Ein lineares Weltgeschehen	*oder*	zyklisches Weltgeschehen?
Getrennt voneinander existierende Individuen	*oder*	eine Einheit allen Seins?
Zufall	*oder*	eine inhärente Ordnung aller Dinge?
	usw.	

Diese und andere Unterschiede in den Axiomen legen nahe, die Grundannahmen einer bestimmten Theorie konsequent einmal anderen Theorien, insbesondere denen anderer Disziplinen, vorzulegen, und sie dadurch auf Allgemeingültigkeit zu prüfen. Z. B. steht die Idee der Existenz einer Zyklizität konträr zu der Annahme einer linearen Historizität. Ebenso wird verschiedentlich die Idee eines Zufalls als ein entscheidender Faktor innerhalb des Weltgeschehens angenommen und gleichzeitig sowohl im Mikrokosmos als auch im Makrokosmos eine exakte Ordnung dokumentiert.

Bei der Gründung des Netzwerkes für interdisziplinäre Ursachenforschung 1996 wies Hermann Knoblauch daher auf die für ihn zentrale Aufgabe des Netzwerks hin. Er fordert auf: „Es ist die wichtigste Aufgabe einer Wissenschaft der Zukunft, die universalen Prinzipien der Natur zu erforschen und *interdisziplinär zu bestätigen.*" Seine tiefe Überzeugung ist es, dass bei einer gewissenhaften Prüfung der universale Charakter von Ethik deutlich werden und einen entscheidenden Einfluss sowohl auf die Lehre an den Universitäten als auch auf den Weltfrieden haben wird.

---

[1] Vgl. in diesem Band: Heidrun Bethge: Naturkatastrophen: Wehrt sich die Erde? S. 47. Vgl.: Donta, Antonia: Naturschutz beginnt im Denken. Was ist Leben? In: Vernetzt denken – die Zukunft gestalten! Beiträge zu einem ganzheitlichen Naturverständnis. Hannover 2000, S. 65–90.

[2] Von Purucker, Gottfried: Der Mensch in der Unendlichkeit. Hannover 1987, S. 320.

[3] Vgl.: Baß, Claudia; Kampmann, Ute: Evolution im Dialog von Wissenschaft und Philosophie. In: Vernetzt denken – die Zukunft gestalten! Beiträge zu einem ganzheitlichen Naturverständnis. Hannover 2000, S. 43.

[4] Catherine Atkinson: Historikerin, Mitarbeiterin im Netzwerk für interdisziplinäre Ursachenforschung und in der Hermann-Knoblauch-Akademie – Mensch · Natur · Zukunftswissenschaften.

[5] Vergl. Hans-Joachim Klimkeit in: Die Begegnung von Christentum, Gnosis und Buddhismus an der Seidenstraße. Opladen 1986, S. 7: „Das Land der Seidenstraße [...] ist mit seinen transkontinentalen Verbindungswegen von jeher ein Gebiet der Begegnung von Völkern, Kulturen und Religionen gewesen. Dienten die Handelswege [...] in erster Linie dem Warenaustausch, so vermittelten sie darüber hinaus auch geistige und religiöse Inhalte von einem Volk zum andern [...]Ihre Träger lebten nicht nur nebeneinander, sondern auch miteinander; sie traten in eine lebendige Begegnung ein, so unterschiedlich deren Tiefe jeweils gewesen sein mag."

[6] Beispiele für christliche Denker, die sowohl mit dem Neuplatonismus und anderen Denkrichtungen der Antike wie dem Stoizismus und Neupythagorismus als auch mit den christlichen Lehren vertraut waren, sind Clemens von Alexandrien, Origenes, Augustinus von Hippo und Dionysius Aeropagites.

[7] Katholikos (gr.) bedeutet allgemein gültig im Sinne von universal, auf alles gleichermaßen zutreffend.

[8] Versuche, religiöse Reformen einzuführen, wurden u.a. von Franz von Assisi, Bernard von Clairvaux und Hildegard von Bingen unternommen.

[9] Weitere Menschen, die diese Zeit maßgeblich prägten, waren z. B.: Paracelsus, Giordano Bruno und Galileo Galilei.

[10] Ergänzung der Autorin: Ein bekannter Ausspruch stammt von dem Mediziner Virchow (1821–1902): „Eine Seele? Die gibt es nicht. Ich habe schon so viele Menschen seziert, aber eine Seele habe ich noch nicht gefunden." Hieran wird deutlich, wie sehr die wissenschaftliche Interpretation der Natur auf das Sichtbare ausgerichtet war.

[11] Determinismus ist die Annahme einer genau berechenbaren Zukunft bzw. einer genau berechenbaren Kausalität im Ursache – Wirkungs-Zusammenhang.

[12] Frischt, Hannes: Die Welt der Atome – braucht die Physik ein neues Weltbild? In: Vernetzt denken – die Zukunft gestalten! Beiträge zu einem ganzheitlichen Naturverständnis. Hannover 2000, S. 47–64.

[13] Dürr, Hans-Peter (Hg.): Physik und Transzendenz. München, 1996, S. 10. Zu den Entdeckern der Quantentheorie zählen u.a. Max Planck, Niels Bohr und Erwin Schrödinger.

[14] Von Purucker, Gottfried: Der Mensch in der Unendlichkeit. Hannover, 1987, S. 320.

[15] Vgl. z. B.: Usarski, Frank: Die Stigmatisierung Neuer Spiritueller Bewegungen in der Bundesrepublik Deutschland. Kölner Veröffentlichungen zur Religionsgeschichte. Band 15. Köln u. a. 1988; Sachau, Rüdiger: Westliche Reinkarnationsvorstellungen. Gütersloh 1996; Bochinger, Christoph: <New Age> und moderne Religion. Religionswissenschaftliche Analysen. 2. durchgesehene und korrigierte Auflage, Gütersloh 1995.

[16] Hermann Knoblauch im Mai 1995 auf einer Tagung in Hohegeiß: Ganzheitlichkeit – die Wissenschaft der Zukunft.

[17] Vgl.: Bethge, Heidrun: Entstehung des Universums – Alternativen zur Urknalltheorie. In: Vernetzt denken – die Zukunft gestalten! Beiträge zu einem ganzheitlichen Naturverständnis. Hannover, 2000, S. 91–112. Baß, Claudia; Kampmann, Ute: Evolution im Dialog von Wissenschaft und Philosophie. In: Vernetzt denken – die Zukunft gestalten! Beiträge zu einem ganzheitlichen Naturverständnis. Hannover 2000, S. 27–46. In diesen beiden Beiträgen werden zwei Theorien interdisziplinär untersucht, die in unserer heutigen Gesellschaft als Tatsachen gelehrt werden – der Darwinismus und die Urknalltheorie. Werden die Grundaxiome jedoch näher betrachtet, wird deutlich, dass sie unbewiesene bzw. unbeweisbare Annahmen sind, denen ein bestimmtes Weltbild, hier mechanistisch-materialistisch, zugrunde gelegt ist.

[18] Siehe auch: Unsere Weltbilder – ein einziger Flickenteppich? Unveröffentlichter Vortrag am 6. 2. 2001 auf einer NEFTIS-Tagung (Netzwerk-ForschungsTage für interdisziplinäre Studien) zum Thema: Der Beitrag der Geistes- und Sozialwissenschaften zu einer Wissenschaft der Zukunft. Zusammengestellt aus folgender Literatur: Rudolf Eisler: Art. „Weltbild". In: Ders.: Wörterbuch der Philosophischen Begriffe. Berlin, 1930, S. 508. Hartwig Haubrich: Weltbilder und Weltethos. In: Geographie heute, 145/ 1996, S. 4–9. Rinschede, Gisbert: Weltbilder und Religionen. In: Geographia heute, 145/1996, S. 28–33. Ulfig, Alexander: Art. „Weltbild". In: Ders.: Lexikon der Philosophischen Begriffe. Eltville, 1993, S. 478.

[19] Skizze und Erläuterungen nach Hannes Frischat am 27. 3. 1999 auf einer NEFTIS-

Tagung (Netzwerk-ForschungsTage für Interdisziplinäre Studien) zum Thema: „Wahrnehmung – Psychologische – philosophische – physiologische – physikalische Perspektiven und die Forschung nach einem ganzheitlichen Verständnis von Wahrnehmung.

[20] Nach einem Weltbild, das im Sinne Descartes' überwiegend auf dem Dualismus von denkender und ausgedehnter Substanz (res cogitans und res extensa) beruht, wird Natur als ausgedehnte Substanz von mechanistischen Gesetzen beherrscht. Zwischen ihr und Geist besteht nach Descartes kein Zusammenhang.

[21] Vgl. dazu: Glasenapp, Helmuth von: Die fünf Weltreligionen. Hinduismus, Buddhismus, Chinesischer Universismus, Christentum, Islam. München, 1996. Tworuschka, Monika und Udo: Religionen der Welt. Grundlagen, Entwicklung und Bedeutung in der Gegenwart. München, 1996. Auf die individuellen Unterschiede in den verschiedenen theologischen Ausführungen kann im Rahmen dieses Aufsatzes nicht näher eingegangen werden. Die angegebene Literatur bietet Interessierten daher eine weitere Möglichkeit zur Vertiefung des Themas.

[22] Glasenapp, Helmuth von: Die fünf Weltreligionen. München, 1996, S. 287.

[23] An diesem Punkt gehen die theologischen Auslegungen weit auseinander. Es gibt u. a. folgende Thesen: 1. Gott bestimmt das Weltgeschehen – es ist alles vorherbestimmt. 2. Gott greift manchmal ein, z. B. um jemanden zu prüfen, zu helfen. 3. Gott hat den Menschen erschaffen. Jetzt ist der Mensch aber verantwortlich, sein Leben gemäß dem Willen Gottes zu gestalten – Gott greift nicht ein, aber er richtet.

[24] Meyers Enzyklopädisches Lexikon. Band 24. Mannheim, 1979, S. 185.

[25] Der Gedanke ist vergleichbar mit der Veränderung chemischer Stoffe unter bestimmten Bedingungen. Die Anzahl der Atome bleibt erhalten, die Moleküle ändern sich.

[26] Die gedankliche Disziplin spielt in diesen Systemen eine entscheidende Rolle. Sie wird als die Grundlage für Erkenntnis angesehen. Vgl.: Baß, Claudia; Kampmann, Ute: Evolution im Dialog von Wissenschaft und Philosophie. In: Vernetzt denken – die Zukunft gestalten! Beiträge zu einem ganzheitlichen Naturverständnis. Hannover, 2000, S. 35 f.

[27] Es gibt keine außerkosmische Kraft, die die Ursachen legt, sondern alles geschieht nach einem universalistisch-ganzheitlichen Weltbild nach dem Prinzip von Ursache und Wirkung. Im alten China hieß es z. B., dass, wenn der Herrscher im Einklang mit der Natur stehe, es auch seinem Volk gut gehe. Der Ursache-Wirkungs-Zusammenhang wird hier auf das Engste zwischen Mensch und Natur gesehen und in das tägliche Leben übertragen. In der alten indischen Philosophie spricht man von „rita" oder „dharma", woraus z. B. die Lehre von „karma" abgeleitet wird.

[28] Das Samkhya-System des Hinduismsus fragt z. B. nach einer grundsätzlichen Dualität. Der Vedanta hingegen nimmt die Existenz verschiedener Ebenen an. Diese wiederum bilden eine Einheit.

[29] Die älteren Upanishaden sprechen von „Tat" (Jenes) oder „Brahman" – der Konfuzianismus von „qui" oder auch „ren".

[30] Dürr, Hans-Peter (Hg.): Physik und Transzendenz. München, 1996, S. 10 f.

31 Vgl. in diesem Band: Catherine Atkinson: Interdisziplinarität: Wege zu einem ganzheitlichen Verständnis von Mensch und Natur. S. 71.

32 Vgl.: Heisenberg, Werner: Der Teil und das Ganze. Gespräche im Umkreis der Atomphysik. 6. Auflage, München, 1986. In diesem Buch sind Gespräche zwischen führenden Wissenschaftlern aufgezeichnet, in denen sie versuchen, z. B. die Elementarteilchen mit der Platonischen Philosophie zu erklären.

33 Diese Betrachtungsweise kennzeichnet wissenschaftliches Arbeiten generell. Die Objektivierbarkeit der Dinge, sie angeblich neutral, sachlich und objektiv beurteilen zu können, ist ein grundlegendes Axiom wissenschaftlicher Forschung. Oftmals wird jedoch dabei vergessen, dass diese Axiome bereits aus einer subjektiven Sicht formuliert worden sind. Eine völlig neutrale, objektive Wissenschaft kann es daher nicht geben.

34 Vgl.: Jaspers, Karl: Ursprung und Ziel der Geschichte. München, 1949, S. 26. Karl Jaspers versteht die Menschheitsgeschichte als universal, wobei Kulturen und Religionen ineinander greifen, einem Aufschwung folgen oder untergehen. Er beschreibt z. B. in der Umbruchzeit durch die neue Physik die Annahme eines universalen Wissens. Ausgehend von seiner These der Achsenzeit etwa 800–200 v. u. Z. schreibt er: „Von dem, was damals geschah, was damals geschaffen und gedacht wurde, lebt die Menschheit *bis heute*. In jedem ihrer neuen Aufschwünge kehrt sie erinnernd zu jener Achsenzeit zurück, lässt sich von dorther neu entzünden. Rückkehr zu diesem Anfang ist das immer wiederkehrende Ereignis in China, Indien und dem Abendland." Darauf aufbauend kann durchaus die These aufgestellt werden, dass das 20. Jahrhundert nicht nur eine Umbruchphase im Denken darstellt, sondern darüber hinaus eine neue Achsenzeit im Sinne Karl Jaspers sein könnte.

35 Diese drei Punkte basieren auf den angenommenen drei Denkrichtungen: religiöses Denken, philosophisches Denken und wissenschaftliches Denken.

36 Vgl. dazu auch: Graf, Peter: Das Konzept der Reinkarnation als Ort des interkulturellen Dialogs. In: Schmidt-Leukel (Hg.): Die Idee der Reinkarnation in Ost und West. München 1996, S. 140. Vgl.: Mall, Ram Adhar; Hülsmann, Heinz: Die drei Geburtsorte der Philosophie. Bonn, 1989, S. 12–14.

37 Der Gedanke einer Synthese findet so zunehmend wieder erneute Beachtung, wie z. B. die Begegnung zwischen den Physikprofessoren Anton Zeilinger und Arthur Zajonc und dem Dalai Lama im Jahre 1999 zeigt – eine intellektuell-wissenschaftliche Perspektive trifft auf eine philosophisch-intuitive.

38 Zitiert nach: Smolicz, J.J.: Verinnerlichte Werte und kulturelle Identität. In: Nitzschke, V. (Hg.): Multikulturelle Gesellschaft - multikulturelle Erziehung. Stuttgart, 1982, S. 39.

39 Genesis 8,22.

40 Vgl.: Netzwerk für interdisziplinäre Ursachenforschung – Hermann Knoblauch e. V. (Hg.): Die Verbindung von Geistes- und Naturwissenschaften. S. 12 f.

41 Donta, Antonia: Naturschutz beginnt im Denken. Was ist Leben? In: Vernetzt denken – die Zukunft gestalten! Beiträge zu einem ganzheitlichen Naturverständnis. Hannover, 2000, S. 77.

„Jeder philosophisch Interessierte sollte sich zumindest ein wenig mit moderner Atomphysik beschäftigen. Denn der Mikrokosmos ist die Reflexion des Makrokosmos – doch die Wissenschaft weiß inzwischen mehr vom Atom als vom Sonnensystem."

Hermann Knoblauch

„Die Beziehung zwischen dem Ganzen und seinen Teilen erscheint in der Quantentheorie in einem völlig neuen Licht."

Hans-Peter Dürr[1]

„Wenn die Quantenphysik Recht hat, ist die Welt verrückt."

Albert Einstein[2]

Die Einheit der Natur in Quantenphysik und Philosophie

Vernetzung und ihre ethische Dimension

Hannes Frischat

Die Quantenphysik wirft ein neues Licht auf die philosophischen Begriffe „Einheit" und „Vernetzung". Als aktuell anerkannte wissenschaftliche Betrachtung der Natur lässt sie ganzheitliche Interpretationen zu, die weitreichende Konsequenzen für unser Weltbild haben können. Ausgehend von den „first principles", den Postulaten der Quantenphysik, werden ihre Grundbegriffe erklärt und philosophisch gedeutet.

Aus der fundamentalen Einheit der Natur, in der nichts vollständig von allem anderen getrennt werden kann, folgt die grundsätzliche Vernetzung aller ihrer Teile. Dieses Prinzip ist ebenfalls von hoher Bedeutung, nicht nur für physikalische Teilchen, sondern auch für das menschliche Leben.

Nach wie vor ist die Quantenphysik *der* wissenschaftliche Meilenstein auf dem Weg zu einem ganzheitlichen Denken. Neben ihrer enormen physikalischen und technischen Bedeutung beinhaltet sie philosophische und weltanschauliche Anregungen, die geradezu sensationell sind. Die philosophischen Inhalte der Quantenphysik finden jedoch allgemein immer noch selten Berücksichtigung, auch weil die Theorie in der üblichen mathematisch-abstrakten Formulierung für Nichtphysiker so schwer zu verstehen ist.

Obwohl die Lehre von den unvorstellbar winzigen Atomwelten schon etwa hundert Jahre alt ist, löst das Wort „Quantenphysik" bei vielen Menschen die Assoziation von „kompliziert und unverständlich" aus. Und „Atomphysik" wird eher mit Begriffen wie „Kernkraftwerk" und „Atombombe" in Verbindung gebracht. Dies sind jedoch nur Aspekte der Atom- und Quantenphysik, die vom Eigentlichen ablenken. Im Kern bietet gerade die Quantenphysik die Chance, die Welt aus einer ganz anderen Perspektive zu betrachten, als es die Wissenschaft heute gewohnt ist. Die Deutung der Quantenphysik stellt, wenn sie konsequent verfolgt und mit philosophischen und ethischen Überlegungen verbunden wird, große Teile des mechanistisch-materiellen Weltbildes in Frage.

Die Rätsel der Quantenphysik

Der häufig zitierte Ausspruch Albert Einsteins: „Wenn die Quantenphysik Recht hat, ist die Welt verrückt" bezieht sich auf die vielen Rätsel, die diese neue Art der Physik ihren Entdeckern aufgegeben hat. Quantenphysik erscheint fast wie Zauberei, denn wer kann sich schon vorstellen, dass ein und dasselbe Teilchen an mehreren Orten gleichzeitig ist? Wie kommt es, dass eine vollständige Trennung zwischen den Teilchen dieser Welt nicht möglich ist, ja dass sie eine fundamentale Einheit bilden? Wie überlagert sich ein Teilchen auf geheimnisvolle Weise mit sich selbst, löscht sich aus, um an anderer Stelle wieder zu erscheinen? Wie kann ein Lichtstrahl sich in ein massives Materieteilchen verwandeln, und umgekehrt? Warum lässt sich der Ausgang eines Experiments nicht mehr eindeutig voraussagen? Wie kann ein

Teilchen in sich Schwingung, Bewegung und Rotation tragen, von außen gesehen aber scheinbar stillstehen?

Diese dem gesunden Menschenverstand unwahrscheinlich vorkommenden Phänomene werden jedoch im Labor beobachtet, und die Quantentheorie liefert mathematische Erklärungen für sie. Das gewohnte Denken sträubt sich zunächst, ein derartiges Versteckspiel von Teilchen zu akzeptieren.

Der Grund hierfür liegt in der allgemein verbreiteten Vorstellung von der Materie, die immer noch auf der Physik des 19. Jahrhunderts beruht. Materie war das Beständige, das Verlässliche, das Massive. Die Materie und ihre sie zusammenhaltenden Kräfte (z. B. die Gravitation) bildeten die Basis für das damalige Weltbild. Folgerichtig untersuchte und unterteilte man die Materie immer genauer, um die Welt zu verstehen.

Die Quantenphysik zeichnet nun ein gänzlich anderes Bild der Materie. Nach ihr besteht Materie nicht mehr aus kleinen harten Kügelchen – für die man Atome im 19. Jahrhundert noch hielt. Die Quantenphysik hat gezeigt, dass Materie eine Erscheinungsform von Energie ist. Die scheinbar festen Formen von Atomen und Molekülen sind Schwingungsmuster, Resonanzfiguren von etwas anderem, das sich nicht so einfach greifen lässt wie „Materie" im herkömmlichen Sinn. Im Laufe der Untersuchungen löste sich sozusagen das „Materielle" der Materie – das Harte, Feste, Undurchdringliche – immer mehr auf.[3]

Aufgrund dieses gravierenden Umbruchs in der physikalischen Erkenntnis dachten viele der großen Quantenphysiker anfangs intensiv über die philosophischen Konsequenzen ihrer Erkenntnisse nach. Prominente Beispiele sind Werner Heisenberg, Max Planck, Erwin Schrödinger und Nils Bohr.[4] Allerdings ist die Diskussion durch die Zäsur des Zweiten Weltkriegs und die nachfolgende Aufbauzeit nahezu zum Erliegen gekommen. Daher ist es ein Anliegen des Netzwerks für interdisziplinäre Ursachenforschung, das fachübergreifende Gespräch über diese Themen wieder in Gang zu bringen.

Denn was *hinter* den mathematischen Gleichungen steht, *warum* sie gelten und welche Konsequenzen in Bezug auf das naturwissenschaftliche Weltbild gezogen werden können, das sind Fragen der Deutung, der Interpretation der Quantenphysik. Hier muss der Bereich der reinen Physik verlassen und im interdisziplinären Dialog nach Lösungen gesucht werden. Und eine Interpretation im ganzheitlichen Sinn ist wohl nur möglich, wenn neben den physikalischen Erwägungen im interdisziplinären Sinn auch philosophische und ethische Erwägungen einfließen, intuitives Denken, Assoziationen, Erfahrungen und nicht zuletzt der gesunde Menschenverstand.

Ein geflügeltes Wort bei der Darstellung physikalischer Sachverhalte ist der „Kompromiss zwischen Wahrheit und Klarheit". Dieser Artikel will zumindest einen Aspekt der Quantentheorie mit Worten und Zeichnungen so weit beschreiben, dass er allgemein verständlich wird, gleichzeitig aber exakt bleiben. Mathematische Zusammenhänge lassen sich auch anders beschreiben als in Formeln. Nur so wird ein interdisziplinärer Dialog über die philosophischen Folgen der Quantenphysik möglich, der auf soliden Grundlagen beruht.

Ein Postulat der Quantenphysik

Die Quantenphysik hält viele Überraschungen bereit. Schwerpunkt dieses Artikels ist die Vernetzung der Teilchen untereinander, die fundamentale Einheit, die sie miteinander bilden. Denn quantenphysikalisch gesehen kann ein Teilchen vom Rest der Welt nicht wirklich getrennt werden. Es ist ein Teil der größeren Einheit, und zwar nicht nur in dem Sinn eines Bausteins, der herausgelöst werden könnte. Vielmehr ist ein Teilchen eine *Teilmanifestation des Universums*. Ebenso ist ein zweites Teilchen eine Teilmanifestation des Universums, und immer so weiter. So ist quantenphysikalisch gesehen alles mit allem verbunden und vernetzt, und zwar nicht nur dadurch, dass jeder Teil auf jeden anderen einwirkt, sondern auch dadurch, dass sie *in der Essenz* eins sind.

Um zu sehen, wie diese Einheit aus der Quantenphysik abgeleitet werden kann, soll im Folgenden auf eines ihrer Postulate eingegangen werden. Ihre Theorie beinhaltet mehrere Postulate, der Fokus dieses Artikels liegt jedoch auf einem speziellen – und dies gilt bisher uneingeschränkt in allen Verfeinerungen und Weiterentwicklungen der Theorie und ist grundlegend für das Verständnis dieses Artikels. Das Postulat lautet:

Ein System von Teilchen wird durch eine Wellenfunktion beschrieben.

Wenn dieser Satz auch nicht besonders spektakulär wirkt, beinhaltet er doch geistigen Zündstoff. Zunächst ist zu klären, was die Quantenphysik unter einer „Wellenfunktion" versteht. Das philosophisch Aufregende besteht darin, dass ein „System" aus mehreren oder vielen Teilchen dennoch durch *eine* Wellenfunktion beschrieben wird. Dies soll die Grundlage dafür sein, die philosophischen Folgerungen aus dieser Aussage zu verarbeiten.

Funktionen und Wellenfunktionen

Um zu verstehen, wie die Quantenphysik die Teilchenwelt mit Wellenfunktionen beschreibt, ist es zunächst wichtig, den Begriff „Funktion" zu erklären.

„Funktion" ist ein Begriff aus der Mathematik und bedeutet allgemein ein Gebilde, das für jeden Wert, den wir ihm geben, eine bestimmte Zahl zurückgibt. Wenn dies auch ein mathematischer Begriff ist, so beinhaltet er doch eine philosophische Dimension, denn eine Funktion funktioniert nach dem universalen Prinzip von Ursache und Wirkung, anders gesagt, von Frage und Antwort. Man kann sich einen unbekannten Mechanismus vorstellen, der aus jedem vorgegebenen Fragewert eine Antwort herstellt und diese zurückgibt (siehe Bild 1).

Funktionen werden in der Physik vielfältig eingesetzt. In der klassischen Physik, also vor der Entdeckung der Quantenphysik, waren sie das Standardwerkzeug, um Ausagen über die Natur zu machen. Insbesondere wurden sie verwendet, um Vorhersagen über die Zukunft von mechanischen Systemen zu erhalten.

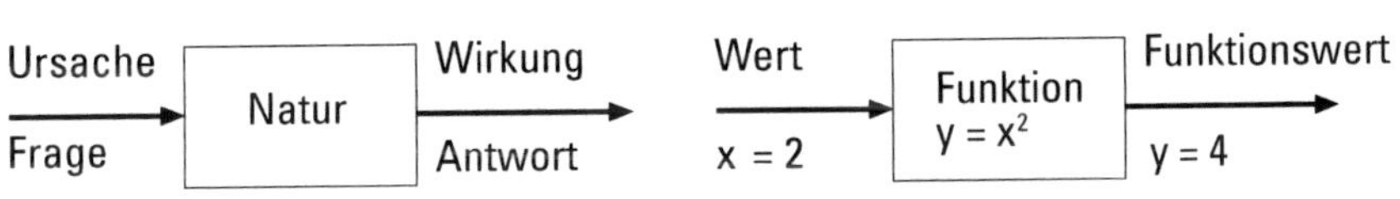

Bild 1: Ursache – Wirkung, Frage – Antwort, Wert – Funktionswert.

Was ist eine Funktion?

Eine Funktion liefert für jeden Wert, der an sie übergeben wird, ein Ergebnis zurück. Man kann sich eine Funktion als eine Art Maschine vorstellen, die einen hineingesteckten Zahlenwert nach einem vorgegebenen Schema verarbeitet und ein Ergebnis erzeugt. Dieses Ergebnis heißt auch „Funktionswert".

Füttern wir eine Spülmaschine mit schmutzigem Geschirr (eingegebener Wert) und lassen sie laufen (Funktion), so erhalten wir als Ergebnis sauberes Geschirr (Funktionswert). Oder an einem mathematischen Beispiel verdeutlicht: Stecken wir den Wert 2 in die Funktion $y = x^2$, so ist der Funktionswert 4 ($2^2 = 4$).

Nun kann eine Funktion auch viele aufeinanderfolgende Werte aufnehmen und Funktionswerte berechnen. Solche Werte lassen sich häufig sehr übersichtlich in Kurven darstellen.

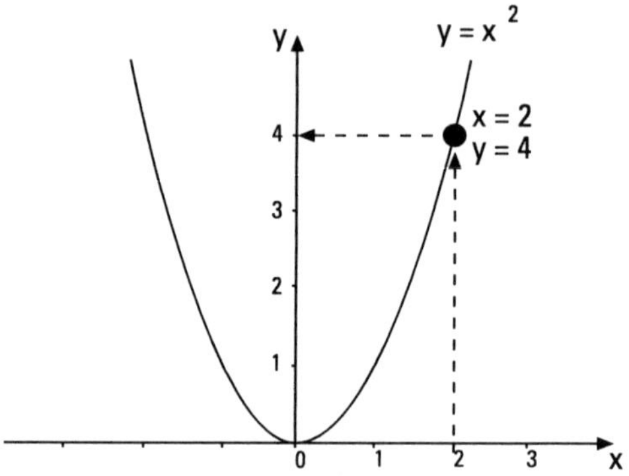

Bild 2: Funktion $y = x^2$

Ein weiteres Beispiel ist ein Börsenkurs. Das Bild zeigt ein Beispiel der Entwicklung des DAX innerhalb von 5 Tagen. Zu jedem Zeitpunkt (Wert) existiert genau eine DAX-Notierung (Funktionswert).

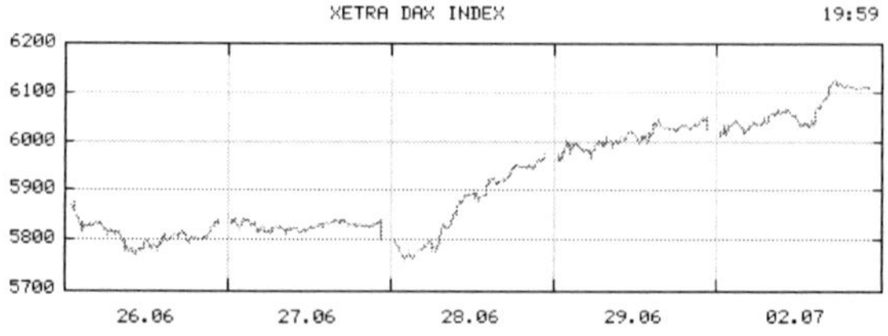

Bild 3: DAX-Index als Beispiel für eine Funktion

So stellt z. B. die Mechanik die Frage (siehe Bild 4): „Wie lange braucht ein Stein, der von einem 50 Meter hohen Turm fallen gelassen wird, bis er auf dem Boden aufschlägt?“ Und die Newton'schen Gleichungen liefern die Antwort: „Exakt 3,19 Sekunden, wenn die Luftreibung vernachlässigt wird.“

Eine klare Frage – eine klare Antwort. Dies ist typisch für die klassische Physik. Hier ist die Antwort auf eine Frage meist ein konkreter Zahlenwert.

Das lineare Denken der alten Physik, nach der die Natur wie ein Apparat *funktion*iert, hat eine mathematische Beschreibung hervorgebracht, die dem angemessen ist: die *Funktion*. Diese einfache Betrachtung stieß folgerichtig an ihre Grenzen, als die neue Physik feststellte, dass eine Ursache verschiedene Wirkungen haben kann. Begriffe wie „Wellen“, „Erwartung“ und „Wahrscheinlichkeiten“ mussten eingeführt werden.

In der Quantenphysik ist die Antwort auf eine Frage weniger eindeutig. Sie besteht nicht mehr aus einer einzigen Zahl oder Koordinate, sondern aus einer ganzen Funktion in Form einer Schwingungsfigur, aus der sich Wahrscheinlichkeiten ableiten lassen. Wenn z. B. die Frage gestellt wird: „Wo befindet sich ein bestimmtes Teilchen unter bestimmten Bedingungen zu einem bestimmten Zeitpunkt“, so lautet die Antwort: „Wir können nicht exakt sagen, wo es dann ist. Aber wenn Du nach einem konkreten Ortsbereich fragst, können wir sagen, mit welcher Wahrscheinlichkeit sich das Teilchen dort befindet.“

Für jeden Punkt des Raumes kann ein solcher Wahrscheinlichkeitswert angegeben werden. Grafisch werden diese Wahrscheinlichkeits-

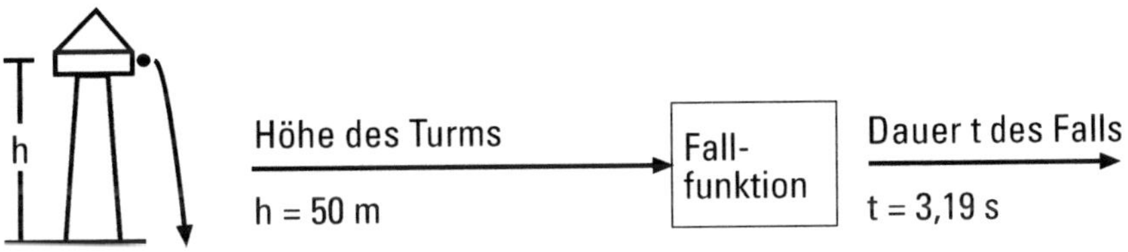

Bild 4: Fallfunktion – aus den Anfangsbedingungen lässt sich die Zukunft exakt berechnen.

werte gern so dargestellt, dass jeder Raumpunkt je nach Wert eingefärbt wird (siehe Bild 5). Je höher der Wahrscheinlichkeitswert, desto intensiver die Farbe. Das sichtbare Ergebnis wäre z. B. ein Würfel aus Gelee oder Plexiglas, in dem eine Farbwolke verteilt ist. Dort, wo die Farbe sehr dicht ist, ist der Wahrscheinlichkeitswert hoch. An den mehr oder weniger durchsichtigen Stellen ist er sehr niedrig.

Die Aussage der Quantenphysik ist nun die: Im Allgemeinen können der genaue Ort und die genaue Geschwindigkeit eines Teilchens nicht gleichzeitig angegeben werden. Aber die Wahrscheinlichkeit, mit der es sich in einem bestimmten Raumbereich aufhält, ist bekannt. Im dargestellten Beispiel ist es mit 90-prozentiger Wahrscheinlichkeit innerhalb der inneren Kugel, mit 99,99-prozentiger Wahrscheinlichkeit innerhalb der größeren Kugel, die die kleinere umschließt, und mit 0,01-prozentiger Wahrscheinlichkeit außerhalb davon.

Das Prinzip von Frage und Antwort ist bei der Quantenphysik also geblieben, aber die Antwort besteht nicht mehr in einem einzigen Wert, sondern in einer ganzen Wellenfunktion.

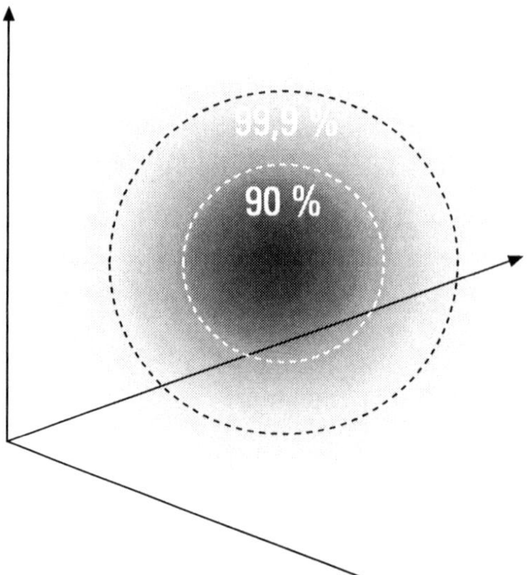

Bild 5: Räumliche Wahrscheinlichkeitsverteilung

Wahrscheinlichkeiten

Um es an einem Beispiel zu verdeutlichen: Auf die Frage „Wo ist Herr X um 8 Uhr morgens?“ bekämen wir die Antwort: Mit einer Wahrscheinlichkeit von 25 Prozent ist er in seiner Wohnung, mit einer Wahrscheinlichkeit von 25 Prozent an seiner Arbeitsstätte, und mit einer Wahrscheinlichkeit von 50 Prozent ist er in seinem Auto unterwegs.

Bei Herrn X kommen die Wahrscheinlichkeiten nur dadurch zustande, dass wir nicht genau wissen, wo er ist. Tatsächlich ist er aber entweder zu Hause oder unterwegs oder an der Arbeitsstätte. Die Quantenphysik sagt jedoch: *Ein Teilchen ist gleichzeitig an allen Orten* – zumindest so lange, bis wir es durch unsere Befragung (das Experiment) festlegen. Zu jedem Ort gehört eine entsprechende Wahrscheinlichkeit. Und zählen wir alle diese Wahrscheinlichkeiten zusammen, ergibt sich am Ende 100 Prozent.

Im Fall von Herrn X ist kaum vorstellbar, dass er gleichzeitig zu Hause, auf der Arbeit und im Auto ist, überall ein wenig und nirgendwo ausschließlich. Doch die Quantenphysik postuliert eben dies: Das Teilchen ist gleichzeitig sowohl hier als auch da.

Da die Gesetze der Quantenphysik nicht nur im Mikrokosmos, sondern überall wirken, gilt dies prinzipiell auch für Herrn X. Bei großen Körpern sinkt allerdings die Wahrscheinlichkeit dafür, an einem anderen Ort zu erscheinen, sehr stark. Daher nehmen wir diesen Effekt in unserer gewohnten Welt nicht wahr. Nichtsdestoweniger gilt das Prinzip für alle Teilchen, die den Körper von Herrn X zusammensetzen – und weiterhin ist hier zu fragen, ob ein Mensch nur aus seinen physischen Atomen besteht. Wäre vorstellbar, dass andere Teile seiner Existenz, wie seine Gedanken, seine Seele, seine Empfindungen sich blitzschnell bewegen und an mehreren Orten oder in vielen Zuständen gleichzeitig sein können?

Diese Erkenntnis der Nichtlokalität von Teilchen hat vielen Physikern Kopfzerbrechen bereitet. Wie kann etwas sowohl hier sein als auch da? Könnten nicht einfach die Messmethoden zu ungenau sein, um dies exakter festzustellen?

Die Eigenschaft von Teilchen, an mehreren Orten gleichzeitig zu sein, ist jedoch nach der Quantenphysik keine Frage, die mit einer genaueren Messmethode wieder hätte abgeschafft werden können. Vielmehr ist es eine Grundidee der Quantenphysik, dass jedes Teilchen prinzipiell über das gesamte Universum verteilt ist. Zwar hat es einen Haupt-Aufenthaltsort – eine Zone, innerhalb derer seine Aufenthaltswahrscheinlichkeit besonders hoch ist –, aber gleichzeitig ist es (oder zumindest ein Teil, ein Anklang von ihm) auch überall sonst, wenn auch nur wenig.

Auch der Begriff der Wahrscheinlichkeit hat sich durch die Quantenphysik gewandelt. In der klassischen Physik werden Wahrscheinlichkeiten angegeben, als sei ein Teilchen eben nur mit einer bestimmten Wahrscheinlichkeit da oder eben nicht da. Tatsächlich ist es aber gleichzeitig überall, denn sonst könnte es nicht in der Art einer Welle mit sich selbst interferieren (sich selbst auslöschen und verstärken).

Um nun die Wahrscheinlichkeitsverteilung zu gewinnen, benötigt die Quantenmechanik die Wellenfunktion. Die physikalische Formulierung lautet: Die Wellenfunktion des Teilchens ist unendlich weit ausgedehnt. Sie fällt zwar exponenziell ab – d. h., sie wird immer schwächer, je weiter sie vom Zentrum des Teilchens entfernt ist –, aber sie wird auch in sehr großer Entfernung niemals null. Philosophisch bedeutet dies, dass schon allein deshalb jeder Teil des Universums mit jedem anderen Teil vernetzt und verbunden ist. Dafür gibt es sogar noch weitere Indizien, die bei der Betrachtung von Teilchensystemen aufgegriffen werden.

Ist die Wellenfunktion wellig?

„Wellen"funktion bedeutet vom Wort her, dass die Funktion oder Teile von ihr sich wie Wellen verhalten oder fortbewegen können. Die in der Quantenphysik auftretenden Wellenfunktionen gehorchen mathematisch denselben Voraussetzungen, wie es Wellen tun.

Da jedes Teilchensystem durch eine Wellenfunktion beschrieben wird, haben Teilchen somit auch Welleneigenschaften. Sie können sich auflösen, um woanders wieder zu erscheinen. Ein einziges Teilchen kann gleichzeitig durch zwei oder mehrere Löcher fliegen und sich dahinter mit sich selbst überschneiden.

Dennoch sind Wellenfunktionen nicht einfache Wellen. Sie sind komplexwertig und bestehen wie jede komplexe Zahl aus zwei Teilen. Der eine ist „reellwertig“, also „ganz normal“, der andere ist „imaginär“. Bei den Wellenfunktionen verhalten sich sowohl Real- als auch Imaginärteil in der Art einer Welle (siehe Bild 6).

Die Verrechnung von Real- und Imaginärteil (der „Betrag“) wird in der Quantenphysik als die Wahrscheinlichkeit dafür gedeutet, dass sich ein Teilchen an einem bestimmten Ort befindet. Diese Wahrscheinlichkeit ist letztlich das, was im Labor gemessen und nachgewiesen werden kann.

Ohne auf die mathematischen Einzelheiten einzugehen, soll doch gesagt sein, dass durch den imaginären Teil der Wellenfunktion viele der quantenphysikalischen Widersprüche zur Alltagserfahrung zustande kommen. Er stellt, philosophisch ausgedrückt, eine andere Realität dar, die sich manchmal auf die reelle Zahlenwelt auswirkt und manchmal nicht. Es ist sozusagen, mathematisch gesehen, eine andere Welt, die die Alltagswelt durchdringt und beeinflusst.

Die in der Quantenphysik verwendeten Wellenfunktionen zeigen ihren wellenartigen Charakter meistens nur im Real- und im Imaginärteil. Jeweils für sich genommen, oszillieren (schwingen) sie in vielen Fällen. Wenn sie miteinander verrechnet werden („Betrag“), wird der

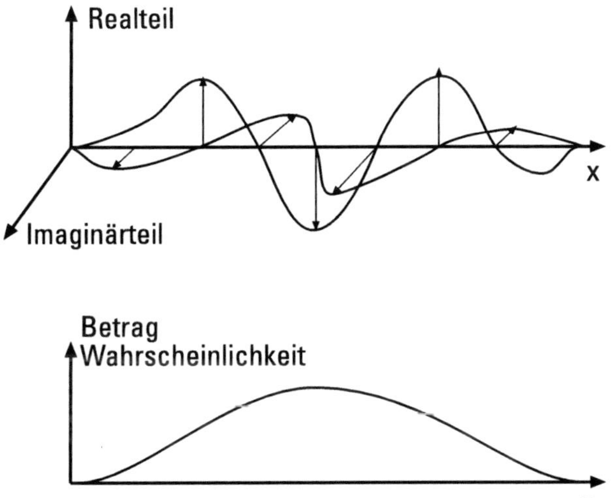

Bild 6: Realteil und Imaginärteil der Wellenfunktion eines Teilchens schwingen, der resultierende Betrag ist oft statisch.

Schwingungscharakter dadurch oft unsichtbar. Wir können uns also Wellenfunktionen als etwas vorstellen, das inhärent schwingt, nach außen aber als ruhig erscheinen kann.

Die Quantenphysik hat also ein neues Verständnis von den Begriffen „Bewegung", „Veränderung" und „Schwingung" gewonnen. Ein Teilchen, das nach außen hin als ruhig erscheint, kann inhärent voller Oszillationen stecken.

Die philosophische Dimension dieser physikalischen Erkenntnis führt Hermann Knoblauch wie folgt aus: „[...] alles enthält in seinem Kern ein innewohnendes Etwas besonderer Art und Beschaffenheit. Das Ausströmen seiner Kräfte erzeugt durch den Übergang vom Unsichtbaren ins Sichtbare und umgekehrt, oder von einem Zustand in einen anderen, die verschiedenartigen Naturerscheinungen, die wir teilweise rings um uns wahrnehmen. Sie erfüllen den Kosmos mit seinen Energien, geben unserem Körper die nötigen Lebenskräfte, welche die Zellen usw. beleben, aus denen er sich zusammensetzt und die ihrerseits aus den entsprechenden Atomen aufgebaut sind."[5]

Wozu werden Wellenfunktionen benötigt?

Eine Wellenfunktion ist die Antwort, die Lösung, auf die physikalische Frage, wo sich ein Teilchen befindet. Die dazu benötigte Mathematik, so kompliziert sie im Einzelfall auch sein mag, dient letztlich nur diesem Zweck: Wir stellen eine Frage an die Natur und bekommen eine Antwort. Das Prinzip von Ursache und Wirkung funktioniert also noch immer. Allerdings besteht die Antwort nicht mehr aus einem einzigen Zahlenwert, sondern aus einer ganzen Wellenfunktion, welche die Wahrscheinlichkeiten festlegt, mit denen das Teilchen gefunden werden kann.

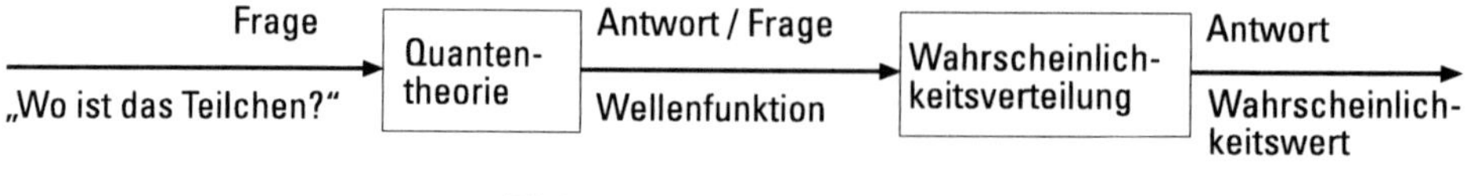

Bild 7: Wahrscheinlichkeitsverteilung

Zusammengefasst kann gesagt werden:

Ein Teilchen wird beschrieben durch eine Funktion, die die mathematische Antwort auf die physikalische Fragestellung nach dem Ort des Teilchens ist. Diese Funktion verhält sich wie eine Welle (daher wird sie Wellenfunktion genannt), und aus ihr lässt sich die Wahrscheinlichkeitsverteilung für den Ort des Teilchens bestimmen.

Es ist für die Deutung der Quantenphysik wichtig, diese Grundlage zu verstehen. Unsere Alltagserfahrung sträubt sich dagegen, weil sie daran festhalten will, dass eine Sache immer nur an einem Ort zugleich sein kann. Wir denken in festen Formen und wollen nichts akzeptieren, was sowohl hier als auch dort ist. Dennoch lassen die Experimente der Quantenphysik keine andere Wahl als anzuerkennen, dass Teilchen keine festen, kleinen Punkte oder harten Kügelchen sind. Sie können vielmehr als ausgedehnte Gebilde gedeutet werden, die äußerlich die Form von Schwingungsfiguren annehmen, innerhalb derer sie mehr oder weniger gleichzeitig überall sind.

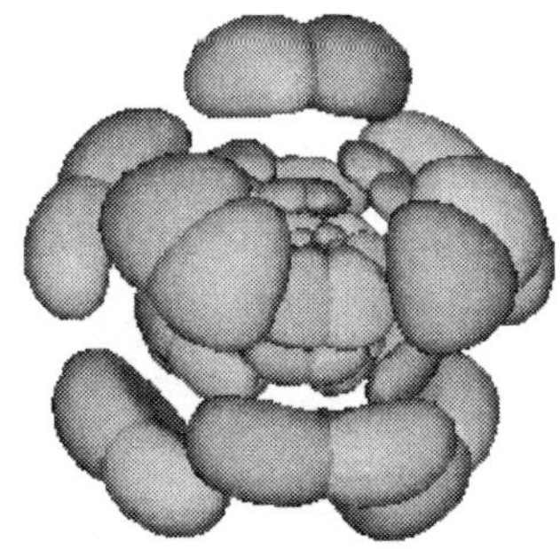

Bild 8: Darstellung der Wahrscheinlichkeitsdichte eines höherwertigen Elektrons[6].

Um ganz exakt zu sein, muss sogar gesagt werden: Ein Teilchen ist *überall* gleichzeitig – überall im Universum –, allerdings an jedem Ort mit nur einer winzig kleinen Wahrscheinlichkeit. Sein Hauptaufenthaltsort ist im Allgemeinen an einer Stelle konzentriert, doch auch wenn die Aufenthaltswahrscheinlichkeit mit der Entfernung exponenziell abnimmt, wird sie niemals exakt null.

Es mag nun verwunderlich sein, dass aus einem einzigen Postulat bereits so schwerwiegende Folgerungen gezogen werden können. Und wohl jeder Physikstudent braucht eine lange Zeit, um die damit zusammenhängenden Gedanken nachvollziehen zu können. Doch gibt es noch weitere Schlussfolgerungen.

Die Einheit der Natur – Systeme von Teilchen

Das anfangs aufgeführte Postulat spricht nicht nur von einem Teilchen, sondern von einem System von Teilchen, das durch *eine* Wellenfunktion vollständig beschrieben wird.

Ein System besteht im einfachsten Fall aus zwei Teilchen. Nach dem Postulat hat nicht jedes Teilchen seine eigene Wellenfunktion, die dann simpel aufaddiert werden – nach dem Muster: Person 1 hier und Person 2 dort sind ein Team.

Vielmehr haben beide Teilchen zusammen nur *eine* Wellenfunktion, aus der sich Wahrscheinlichkeiten für die jeweiligen Teilchen, ihre Energiezustände und Orte ableiten lassen. Sie bilden also eine Einheit, oder noch besser gesagt, sie sind Teilmanifestationen derselben dahinterstehenden Einheit – der gemeinsamen Wellenfunktion (siehe Bild 9).

Festzuhalten ist: Beide Teilchen sind im Grunde unendlich weit ausgedehnt – und überall gleichzeitig. Beide haben einen Schwerpunkt, einen Bereich, in dem sich ihre Aufenthaltswahrscheinlichkeit häuft, und das muss nicht der gleiche Schwerpunkt für die beiden sein. Doch beide Wahrscheinlichkeitsverteilungen werden aus ein und derselben Wellenfunktion gewonnen – sie sind also Ableitungen von derselben dahinterstehenden Realität.

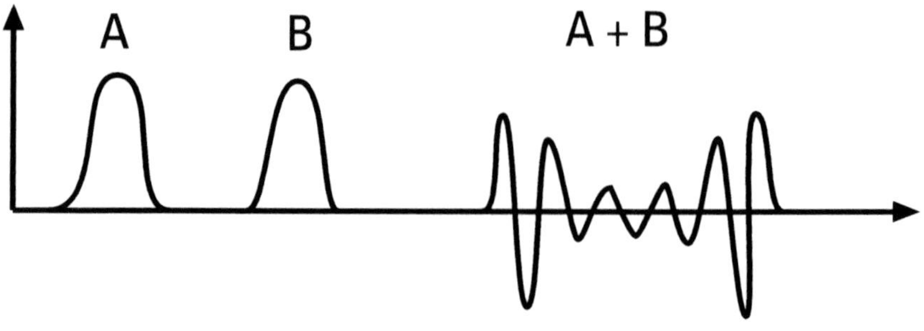

Bild 9: Zwei Teilchen haben *eine* gemeinsame Wellenfunktion.

Wie gut beschreibt die Quantentheorie die Natur?

Die Quantentheorie gründet sich auf Postulate. Diese Postulate können aus der Theorie selbst weder bewiesen noch hergeleitet werden, sondern sie sind Annahmen. Die wissenschaftliche Denkweise ist die: Führen die Postulate zu einem in sich widerspruchsfreien Denksystem, das alle, und zwar ausnahmslos alle, Experimente richtig beschreibt, dann sind sie brauchbar. Kommt es zu einem einzigen Widerspruch, so muss in diesen Postulaten ein Fehler existieren.

Tatsächlich beschreibt die einfachste Formulierung der Quantentheorie, die auf der sogenannten Schrödingergleichung aufbaut, viele Experimente mit kleinen Teilchen sehr genau – solange diese sich relativ langsam bewegen. Bei großen Geschwindigkeiten treten jedoch Widersprüche auf, denn die Schrödingergleichung ist nicht mit der Relativitätstheorie vereinbar, und dies wird um so ausschlaggebender, je mehr sich ein Teilchen der Lichtgeschwindigkeit nähert.

Paul Dirac und anderen gelang es, die Quantentheorie auch relativistisch zu formulieren. Also entwickelt sich auch die Quantentheorie weiter und stellt keine unumstößliche oder absolute Wahrheit dar. Aus der Quantentheorie wurde das sogenannte „Standardmodell" entwickelt, das jedoch die Gravitationskraft nicht erklärt. Noch immer wird nach der „Grand Unification" gesucht, der Theorie, die alle der Physik bekannten Kräfte in einer einzigen Formulierung beschreibt.

Insofern lässt sich die Frage danach, ob die Quantentheorie „wahr" ist, so beantworten: Sie ist eine heute anerkannte Theorie, die eine umwälzende Wirkung auf unsere Meinung über die Eigenschaften der Materie gehabt hat. Sie ist das Beste, was wir in dieser Hinsicht heute zur Verfügung haben. Es ist jedoch mehr als wahrscheinlich, dass auch sie nur einen Zwischenschritt darstellt und weiter verfeinert, überarbeitet und möglicherweise irgendwann auch wieder abgelöst wird.

In der Praxis wird versucht, die Anteile der beiden Teilchen mathematisch wieder voneinander zu trennen, um einigermaßen handliche Aussagen zu bekommen. Damit entsteht auch rechnerisch ein kleiner Fehler, der bewusst in Kauf genommen wird. Das ändert nichts an der philosophisch bedeutenden Tatsache, dass die beiden Teilchen im Grunde aus derselben Wellenfunktion abgeleitet werden.

Diese Betrachtung bezieht sich nun nicht nur auf ein System von zwei, sondern auch auf eines von drei, vier oder mehr Teilchen. Wo hier die Grenze gezogen wird, ist eine Frage der Betrachtung. Auch ein Molekül ist ein Teilchensystem und hat somit eine beschreibende Wellenfunktion. Diese ist zwar sehr kompliziert, aber es ist nur *eine* einzige.

Selbst ein Ensemble von Molekülen ist strenggenommen ebenfalls ein Teilchensystem. Somit wird auch dieses quantenmechanisch durch eine gemeinsame Wellenfunktion beschrieben. Die einzelnen Teilchen sind, physikalisch gesehen, jeweils nur Teilmanifestationen dieser Wellenfunktion. Sie sind nicht voneinander getrennt zu betrachten.

Bei geordneten Festkörpern ist es auch für große Kristalleinheiten sinnvoll, die Leitungselektronen als Einheit zu betrachten. Natürlich ist es im Allgemeinen bei großen Gebilden so, dass die quantenmechanischen Effekte immer unbedeutender werden, und daher ist es aus physikalisch-mathematischer Sicht nicht mehr nötig, sie als quantenmechanische Ensembles anzusehen. Doch strenggenommen sind sie es immer noch.

Dieser Gedankengang lässt sich immer weiter denken. Nirgendwo in den Grundgleichungen der Quantenphysik ist eine Obergrenze für den Begriff „System“ festgelegt. Ein Stein, ein Baum, ein Tier, ein Mensch, die Erde, das Sonnensystem und darüber hinaus: Jedes System, das sich denken lässt, wird quantenmechanisch immer nur durch *eine* Wellenfunktion beschrieben – wie kompliziert sie auch sein mag.

Um die bisherigen Aussagen noch einmal in drei Punkten zusammenzufassen und zu ergänzen:

a) Jedes Objekt hat sowohl Teilchen- als auch Wellencharakter.

Diese sind in der sogenannten Wellenfunktion *zusammengefasst.*

b) Diese Wellenfunktion ist einem Teilchen nicht angeheftet, sondern sie ist *dieses Teilchen.*

c) Eine Einheit (ein Atom, ein Molekül, ein Organismus) wird immer durch eine *Wellenfunktion beschrieben.*

Alle drei Aussagen werden zusammengefasst durch das bereits erwähnte Postulat der Quantenphysik:

Ein System von Teilchen wird durch eine Wellenfunktion beschrieben.

Gibt es experimentelle Beweise für die Quantentheorie?

Die Physiker haben dieses Postulat zusammen mit den anderen, hier nicht besprochenen auf vermutlich jede nur denkbare Konsequenz hin überprüft und tausenderlei Experimente zu ihrer Bestätigung durchgeführt. Auf dem Gebiet der Atom- und Molekülphysik, der Laserphysik und auf vielen anderen Teilgebieten gibt es eine große Fülle von Experimenten, die bisher nur durch die Quantenphysik erklärt werden konnten und die ganz anders verlaufen würden, wenn Teilchen kleine Kugeln wären.

Tatsächlich sind Mängel aufgetreten, und zwar dann, wenn hohe Geschwindigkeiten eine Rolle spielten. Die Quantenphysik in ihrer einfachen Form ist nicht kompatibel zur Allgemeinen Relativitätstheorie. Doch solange alle Teilchengeschwindigkeiten viel kleiner blieben als die Lichtgeschwindigkeit, verhielten sich die Experimente exakt so, wie vorhergesagt.

Welche philosophischen Schlussfolgerungen können aus der Einheit in der Quantenphysik gezogen werden?

Welche philosophischen Schlüsse lassen diese neuen Erkenntnisse zu? Diese Frage haben sich die Väter der Quantenphysik natürlich auch gestellt, und es ist interessant, wie viele von diesen frühen großen Physikern sich philosophischen und religiösen Themen gewidmet haben, z. B. Werner Heisenberg, Niels Bohr, Erwin Schrödinger.

Erwin Schrödinger schreibt in einem Aufsatz über „Die vedântische Grundansicht": „Die wahrgenommene Vielheit ist nur *Schein, sie besteht in Wirklichkeit gar nicht.* Die Philosophie des Vedânta hat dieses ihr Grunddogma durch manches Gleichnis zu verdeutlichen gesucht, wovon eines der ansprechendsten der Kristall ist, der von einem nur einmal vorkommenden Gegenstand Hunderte von kleinen Abbildern zeigt, ohne dass doch der Gegenstand dadurch wirklich vervielfacht würde. [...] du – und ebenso jedes andere bewusste Wesen für sich genommen – bist alles in allem. Darum ist dieses dein Leben, das du lebst, auch nicht ein Stück nur des Weltgeschehens, sondern in einem bestimmten Sinn das *ganze.*"[7]

Nun ist es ein Riesensprung von zwei kleinen Teilchen, die offensichtlich eine Einheit bilden, zum Universum. Doch physikalisch-mathematisch betrachtet, gilt das Prinzip der Einheit entweder überall oder nirgends. Wenn zwei Teilchen durch eine Wellenfunktion beschrieben werden, dann gilt das auch für zwei beliebige Teilchen und somit für alle Teilchen des Universums. Quantenphysikalisch gesehen hat auch die „Einheit" Universum nur eine Wellenfunktion, und das bedeutet, dass es ein Ganzes darstellt, in dem jeder Teil nur eine Teilmanifestation dieses Ganzen ist.

Welche philosophischen Konsequenzen sind daraus zu ziehen? Der Gedanke von der Einheit des Universums ist uralt und bedeutungsvoll. Er ist keine Erfindung der Quantenphysik, sondern diese ist sozusagen nur darauf gestoßen und hat nach großen Widerständen eine alte Einsicht wieder anerkannt.

Friedrich Wilhelm Joseph von Schelling unterscheidet im folgenden Zitat sehr genau zwischen der gegenseitigen Beeinflussung allen Seins – die zweifellos vorhanden ist – und dem Einssein, das der Einheit der Natur zugrunde liegt. Wird der Absatz ganzheitlich aufgefasst, erschließt sich seine auch heute noch aktuelle Bedeutung:

„Das Innere aller Dinge und das, woraus alle lebendigen Erscheinungen derselben quellen, ist die Einheit des Realen und Idealen, welche, an sich absolute Ruhe, nur durch Differenzierung von außen zum Handeln bestimmt wird. Da der Grund aller Tätigkeit in der Natur Einer ist, der allgegenwärtig, durch keinen andern bedingt und in Bezug auf jedes Ding absolut ist, so können sich die verschiedenen Tätigkeiten voneinander bloß der Form nach unterscheiden, keine dieser Formen aber kann wieder aus einer andern begriffen werden, da jede in ihrer Art dasselbe was die andere ist. Nicht dass eine Erscheinung von der andern abhängig, sondern dass alle aus einem gemeinschaftlichen Grunde fließen, macht die Einheit der Natur aus."[8]

Der Einheitsgedanke weist auf das Verbundensein von allem mit allem hin, und es ist offensichtlich, dass dies ethische und moralische Auswirkungen haben muss, die uns an all dem hindern sollten, was durch den Gedanken der Trennung hervorgerufen wird: Neid, Missgunst, Streit, Egoismus. Stattdessen sollte die Einsicht in die Einheit der Natur und die Zusammengehörigkeit allen Seins altruistische Denkweisen, Kooperation, Verständnis, Liebe, Mitleid fördern.

Möglicherweise sind es gerade diese Auswirkungen, die heute viele Physiker davor zurückschrecken lassen, über die Einheit des Universums nachzudenken. Im gegenwärtigen Universitätsbetrieb scheint das Nachdenken über die weltanschaulichen Konsequenzen der Quantenphysik sehr nachgelassen zu haben. Viele Physiker benutzen die Quantenphysik nur als mathematisches Konstrukt und nehmen sonst an, dass sich nichts weiter dahinter verbirgt.

Doch das scheint ein schlechter Handel zu sein. Wir haben aus der Physik neue Einblicke in die Natur gewonnen und nutzen diese wissenschaftlich wie technologisch – ohne die quantenphysikalischen Erkenntnisse hätte z. B. kein heutiger Computer konstruiert werden können. Doch dort, wo es gilt, Konsequenzen zu ziehen, seien diese erwünscht oder nicht, werden jene Erkenntnisse weitgehend ignoriert.

Wenn davon ausgegangen werden kann, dass eine fundamentale Einheit in der Natur in dem Sinn besteht, dass nichts essenziell voneinander getrennt werden kann, dann bedeutet dies auch, dass Subjekt und Objekt niemals voneinander zu trennen sind. Mit anderen Worten, jeder führt die Handlungen, die er gegenüber einem anderen ausführt, auch gegen sich selbst aus.

Gottfried von Purucker drückt diesen Gedanken folgendermaßen aus: „Die Vorstellung von der menschlichen Identität mit dem Kosmos, einschließlich aller religiösen und philosophischen, wissenschaftlichen und moralischen Folgerungen, die sie umfaßt, ist älter als der denkende Mensch. Wir sind Eines, doch wir wissen es nicht, erkennen es nicht.

[...] Bedenken wir hinsichtlich unserer unbedeutenden menschlichen Angelegenheiten [...], welch unvorstellbar großartige Auswirkungen es hätte, wenn jeder Mensch auf Erden von der vollkommenen Realität dieser kosmischen Wahrheit überzeugt wäre! Niemals wieder würde ein Mensch je die Hand gegen einen anderen erheben; immer wären es ausgestreckte Hände des Beistands und der Brüderlichkeit. Denn ich bin mein Bruder – in unserem Innersten sind wir eins."[9]

Gottfried von Purucker betont hier den Aspekt der fundamentalen Einheit allen Seins. Wir sind als Menschen selbst ein Teil des Universums und auf diese Weise auch mit allem verbunden. Welche enormen Entwicklungs- und Erkenntnismöglichkeiten dadurch bestehen, führt Hermann Knoblauch aus: „Auch wir können die Rätsel lösen, da wir als Teile des Universums alles das in uns haben müssen, was dieses Universum zusammensetzt."[10]

Und auch vom Großen ins Kleine lässt sich der Schluss ziehen: „Die Welt verstehen heißt sich selbst verstehen."[11]

Vernetzung

Die Einheit der Natur bedingt auch die Vernetzung ihrer Teile untereinander, also aller Teilchen, aber auch aller Menschen, Tiere, Pflanzen usw. Um dies zu verdeutlichen, sollen schematisch zwei Teile A und B betrachtet werden, die sich in der Gesamtheit befinden. A und B können Teilchen oder Systeme von Teilchen sein, sie sind hier aber auch als Platzhalter für jede andere denkbare Untereinheit des Kosmos gemeint. Der umschließende Kreis symbolisiert das Universum, das als Ganzheit aufgefasst wird (siehe Bild 10a).

Wenn nun gilt, dass A eine Teilmanifestation des Ganzen ist, dann muss es als Reflexion alle Eigenschaften des Ganzen in sich tragen –

zumindest in der Essenz. Ein Beispiel für dieses Prinzip sind die Zellen des Körpers: Jede Zelle trägt in Form der DNS die prinzipielle Information des gesamten Körpers in sich, auch wenn viele dieser Informationen in der einzelnen Zelle nur latent und nicht manifestiert sind.

Somit trägt A auch einen Teil von B in sich. Es ist vielleicht nicht viel, aber eine gewisse Resonanz von B wird sich in A immer feststellen lassen. Ebenso trägt B einen Teil, einen Anklang, von A in sich. Somit sind die beiden auch untereinander vernetzt (siehe Bild 10b).

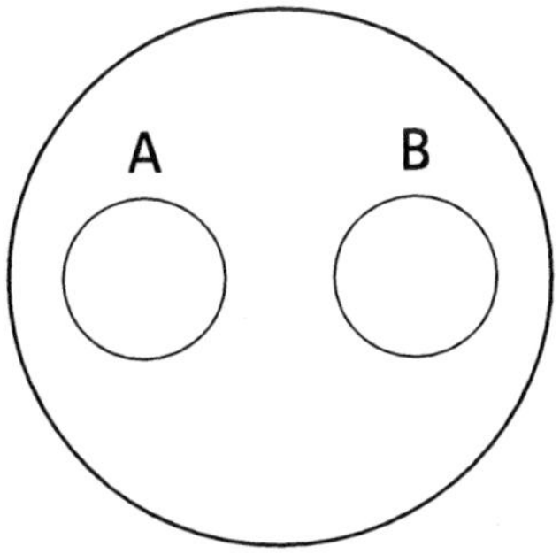

Bild 10a: Teile und Ganzheit

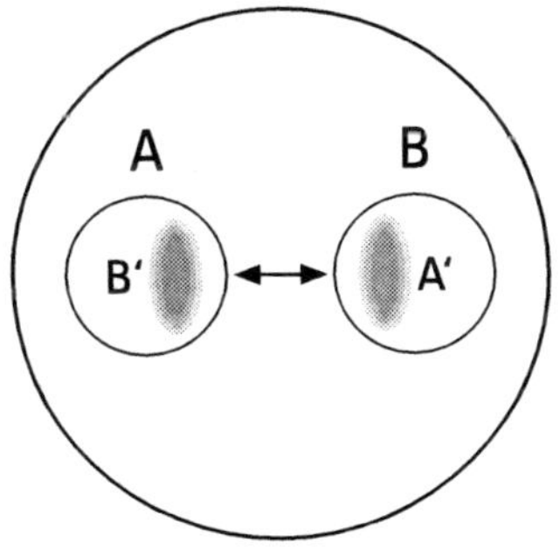

Bild 10b: Vernetzung zwischen den Teilen

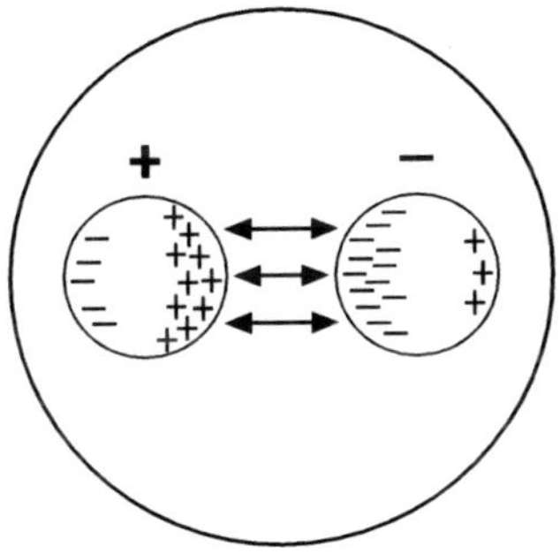

Bild 10c: Induzierte Ladung als Beispiel für Vernetzung

Interessanterweise ist diese Vernetzung essenziell, d. h., sie kommt nicht ausschließlich durch äußere Kräfte, durch Gravitation usw., zustande, sondern dadurch, dass A und B essenziell *eins* sind. Weil sie beide das Universum reflektieren, sind sie auch untereinander von innen her verwandt und damit vernetzt.

Ein physikalisches Beispiel für dieses Prinzip ist die induzierte Ladung. Ein Metallkörper mit einer positiven Ladung wird in einem zweiten Metallkörper die Elektronen zu einer Seite ziehen und damit dort ebenfalls eine leichte Polarität erzeugen. Dies ist nur möglich, weil im Metallkörper bereits positive und negative Elemente existieren. Die Verschiebung dieser Ladung ruft wiederum auch eine entsprechende Rückwirkung im ersten Metallkörper hervor (siehe Bild 10c).

Ein gesellschaftliches Beispiel ist die männliche Seite in einer Frau und die weibliche Seite in einem Mann. Durch diese Komponenten können diese beiden miteinander in Kommunikation treten, sich verstehen und ergänzen.

Das gleichbleibende Prinzip hinter diesen Beispielen ist die Verbundenheit, die dadurch entsteht, dass etwas in seiner Zusammensetzung das Ganze reflektiert.

Welchen praktischen Nutzen haben diese Betrachtungen für den Menschen?

Offenbar ist auch der Mensch für sich gesehen bereits ein Mikrokosmos, der den Makrokosmos reflektiert. Er lebt in einer vernetzten Natur, in der alles auf alles andere einwirkt, in der alles essenziell in allem anderen enthalten ist. Wenn nun der Mensch auf diese ganzheitliche Weise mit seiner Umwelt verbunden ist, bedeutet dies, dass er durch seine Aktionen in seinen Mitmenschen und der ihn umgebenden Natur vielfältige Wirkungen hervorbringt, die wiederum eine Entsprechung in seinem seelischen Innenleben haben. Es bedeutet, dass jeder Eingriff in das Zusammenspiel der Natur Wirkungen auch in anderen Teilen zur Folge haben wird. Daher besteht Verantwortung für jede noch so kleine Entscheidung.

Die Verantwortlichkeit des Einzelnen im Netzwerk der Natur – und auch im Netzwerk der Gesellschaft – wird vermutlich meistens unterschätzt. Die Quantenphysik beschäftigt sich hauptsächlich mit der Natur kleiner Teilchen, doch sie lehrt uns, dass wir mit allem anderen untrennbar verbunden sind. Die Trennung des Menschen von der Natur ist eine subjektive Illusion, eine Täuschung.

Die Diskussion über die Bedeutung der Quantenphysik ist nach einer Hochblüte in den zwanziger bis dreißiger Jahren des letzten Jahrhunderts heute weitgehend erloschen. Das Netzwerk für interdisziplinäre Ursachenforschung sieht seine Aufgabe auch darin, das Gespräch über die philosophischen Hintergründe der neuen Physik wieder anzuregen. Aus der Physik allein kann dies vermutlich nicht erfolgreich sein. Der Dialog der Disziplinen ist heute notwendiger denn je.

---

1 Dürr, Hans-Peter, Vorwort zu „Physik und Transzendenz", Bern, 1996, S. 15.

2 Albert Einstein zugesprochenes Zitat, das die anfänglichen Schwierigkeiten bei der Interpretation der Quantenphysik widerspiegelt.

3 Siehe auch: Frischat, Hannes: Die Welt der Atome – braucht die Physik ein neues Weltbild? In: Vernetzt denken – die Zukunft gestalten. Hannover, 2000, bes. S. 50 ff.

4 Eine gute Zusammenstellung von philosophischen Aufsätzen jener Zeit findet sich in: Hans-Peter Dürr (Hrsg.), Physik und Transzendenz. Bern, 1986.

5 Knoblauch, Hermann: Der Mensch zwischen Geist und Materie. In: Das Forum, 4/1984, S. 29 f.

6 Pauschenwein, Jutta; Thaller, B.: Visualizing Quantum-Mechanical Wavefunctions in Three Dimensions with AVS. In: Computers in Physics, Vol. 10, No. 6, Nov/Dec 1996. Mit freundlicher Genehmigung der Autorin.

7 Schrödinger, Erwin: Die vedântische Grundansicht. In: Physik und Transzendenz. Basel, 1996, S. 189 ff.

8 Von Schelling, Friedrich Wilhelm Joseph: Vorlesungen über die Methode des akademischen Studiums. In: Friedrich Wilhelm Joseph von Schelling: Werke. Auswahl in drei Bänden. Herausgegeben und eingeleitet von Otto Weiß, Fritz Eckardt. Leipzig, 1907. Bd. 2, S. 650.

9 Von Purucker, Gottfried: Wind des Geistes. Hannover, 1994, S. 223 ff.

10 Knoblauch, Hermann: Bewußtsein und Analogie in der Natur. In: Das Forum, 3/1984, S. 26.

11 Knoblauch, Hermann: Ägypten. In: Das Forum, 2/1984, S. 30.

Autoren

Catherine Atkinson, M. A., Jahrgang 1956, Historikerin, Betriebswirtin, Fachübersetzerin, aufgewachsen in England; Forschungsschwerpunkt Europäische Renaissancegeschichte. Veröffentlichung: „Debts, dowries, donkeys. The diary of Niccolò Machiavelli's father, messer Bernardo, in Quattrocento Florence" 2002.

Heidrun Bethge, Dipl.-Phys., Dr. rer. nat., Jahrgang 1968. Studium der Physik, Promotion in der Festkörperphysik im Bereich Nanotechnologie. Selbstständige Softwareentwicklerin und Dozentin.

Anette Bickmeyer, M. A., Dr. phil., Jahrgang 1966, Studium der Anglistik und Geschichte an der Universität Hannover und der McMaster University, Ontario, Kanada. Promotion in der Anglistik.

Hannes Frischat, Dipl.-Phys., Dipl.-Mus., Jahrgang 1964, Studium der Musik und Physik. Wissenschaftlicher Mitarbeiter an der Universität Hannover im Bereich Oberflächenphysik.

Ute Kampmann, Jahrgang 1961, Dipl.-Religionspädagogin und M. A.

Manola Märtens, Dr. rer. pol., Jahrgang 1962, Dissertation über Ethik als Grundlage für moralisches Handeln in Unternehmungen, Lehrtätigkeit zu diesem Thema an der Universität Hannover, beruflich tätig im Bereich Personal / Interne Kommunikation.

Achim Pollmann, Jahrgang 1943, 2. Bildungsweg, Studium Germanistik, Politische Wissenschaft und Philosophie, 1. und 2. Staatsexamen für das Lehramt an Gymnasien, freier Dozent in der Erwachsenenbildung.

Marion Pusch, Dr. rer. hort., Jahrgang 1959. Studium der Gartenbauwissenschaften und Promotion im Bereich „Umwelt und Ethik". Lehrtätigkeit an der FH Hildesheim und Universität Hannover für „Technik und Ethik" und „Umwelt und Ethik". Seit 2002 Beratung und Training für Wertemanagement, Human-Kompetenz und Ethik in Unternehmen.

EDITION URSACHENFORSCHUNG · BAND 1:

Vernetzt denken – die Zukunft gestalten!

Faszinierende Einblicke in neue Wissensbereiche durch die Verbindung von Geistes- und Naturwissenschaften.

Anregungen für eine ethisch orientierte Lebensgestaltung!

Beiträge zu einem ganzheitlichen Naturverständnis von Claudia Baß, Heidrun Bethge, Antonia Donta, Hannes Frischat, Ute Kampmann, Manola Märtens und Marion Pusch:

- Ethik in der Praxis – Chancen für Beruf und Alltag
- Evolution im Dialog von Wissenschaft und Philosophie
- Die Welt der Atome – braucht die Physik ein neues Weltbild?
- Naturschutz beginnt im Denken. Was ist Leben?
- Entstehung des Universums – Alternativen zur Urknalltheorie

113 Seiten, 20 Abb., 9,80 EUR, ISBN 3-8311-0648-7
Bestellmöglichkeit: www.Libri.de

Videocassette:

Eröffnungsfeier der Hermann-Knoblauch-Akademie 1999

Preis: 13 EUR
inkl. Versandkosten

Am 18. September 1999 war es soweit: **Die Hermann-Knoblauch-Akademie feierte im Niedersächsischen Landesmuseum Hannover ihre Eröffnung**. Phantasievoll choreographisch und musikalisch begleitet entführten Platon, Leibniz, die Dozenten der Akademie und ihr **Schirmherr, Professor Dr. Hans-Peter Dürr**, die Gäste in eine Welt, die herkömmliche Grenzen unseres Denkens sprengt und Gefühl und Verstand, ethisches Denken und tägliches Handeln miteinander vereint.

Erleben Sie diese außergewöhnliche Inszenierung auf Video! Auf diese Weise lernen Sie die wohl einzigartigen Inhalte und Ziele der Hermann-Knoblauch-Akademie sehr unterhaltsam und anschaulich kennen.

Bestelladresse:
Hermann-Knoblauch-Akademie
Süntelstraße 3 · 30419 Hannover
Tel. (0511) 271 03 88 · Fax (0511) 271 03 89
eMail: info@Ursachenforschung.org
Web: www.Ursachenforschung.org